FARIAS

A MI MANERA

Order this book online at www.trafford.com
or email orders@trafford.com

Most Trafford titles are also available at major online book retailers.

© Copyright 2018 Raul G Farias Arizpe.

Primera edición, 2018
© Imágenes del autor
Editado en Monterrey, Nuevo León

Print information available on the last page.

ISBN: 978-1-4907-8931-6 (sc)
      978-1-4907-8932-3 (e)

Library of Congress Control Number: 2018906758

Trafford rev. 09/05/2018

 www.trafford.com

North America & international
toll-free: 1 888 232 4444 (USA & Canada)
fax: 812 355 4082

FAMILY COAT OF ARMS

FARIAS

INDICE

I	INTRODUCCIÓN	ix
II	FARIAS	1
III	32 GENERACIONES FARIAS	4
IV	MIS ORIGENES	9
V	MI VIDA	10
VI	COMPENDIO FOTOGRAFICO	17
VII	MI FAMILIA	36
VIII	MIS TRABAJOS	47
IX	MIS AMIGOS	56
X	PERSONAJES	62
XI	COMPENDIO FOTOGRAFICO	69
XII	MI LABOR SOCIAL Y COMUNITARIA	71
XIII	MIS INQUIETUDES	73

XIV   MIS LOCURAS 77

XV   MIS VIAJES 80

XVI   COMPENDIO FOTOGRAFICO 95

XVII   MI CONCLUSIÓN.. 141

XVIII   ARBOL.. 142

XIX   GENEALOGICO FARIAS ARIZPE 142

XX   AGRADECIMIENTOS 159

INTRODUCCIÓN

Hay un relato profético de Mahoma que dice que en la vida hay que hacer tres cosas, tener un hijo, plantar un árbol y escribir un libro.

Yo tengo cuatro hijos, planté muchos árboles y este es mi libro.

Debo aclarar que mi intención no es escribir un *best seller* ni un libro para ser vendido, distribuido ni nada por el estilo, la única intención de escribir este libro es plasmar en un documento, para mí y si acaso para mis hijos, nietos y quizá bisnietos, algunos aspectos de la vida de su padre, su abuelo y tal vez hasta de su bisabuelo.

José Ma. Napoleón resume muy bien mi actitud hacia la vida. Él dice:

Nada te llevarás cuando te marches
Cuando se acerque el día de tu final
Vive feliz ahora mientras puedas
Trata de ser feliz con lo que tienes
Vive la vida intensamente
Luchando lo conseguirás

Dedico este libro a mis padres Raúl y Josefina. Ellos me enseñaron a enfrentarme a la vida; a Chiquis, mi esposa, que me ha acompañado a enfrentarme a la vida y a mis hijos y nietos, quienes me han hecho más placentero este enfrentamiento.

Los datos biográficos fueron obtenidos de los libros *Nuestra familia Farías*, de Don Fernando Farías de la Garza; *The Farias chronicles,* anecdotario de Don George Farías, cuyas historias se remontan al Portugal del siglo XII y a un compendio que me facilitó mi primo Enrique Farías Parás.

Todo el resto es producto de mis recuerdos, si en algo me equivoqué u omití pido una disculpa, aunque espero que el lector comprenda que la memoria, como todo lo demás con los años se va deteriorando.

FARIAS

Apellido noble de origen portugués, cuya casa *primitive* está en el monte de Franqueira, de la ciudad de Barcelos, Portugal. En su cima se encuentra el *Castillo de los Faria* que fue construido durante el reinado de Alfonso III (1246-1279) y que perteneció a Don Gonzalo Gómez Faria.

En el siglo XV varios caballeros Faria viajaron a España, época durante la cual el apellido se hispanizó a *Farías*. Debido a sus inclinaciones bélicas, algunos ingresaron a la militar y religiosa de la Orden de Santiago en 1577.

En Madrid se estableció Felipe de Farías, originario de Lisboa, caballero de la Orden Lusitana de Cristo y se casó con Doña Inés de Mendoza durante el reinado de Carlos I de España, V del Sacro Imperio Romano Germánico (1520-1558).

Los descendientes de este matrimonio se diseminaron por Andalucía, Marruecos e Islas Canarias; de Málaga algunos descendientes emigraron al Nuevo Mundo.

En 1777 llegó al Presidio del Río Grande de San Juan Bautista en el norte de Coahuila, Nueva España, el caballero Juan Francisco Farías casado con Catarina Rodríguez; su tercer hijo, José Andrés Farías, nació en San Pedro de las Colonias, Coahuila, en 1780.

José Andrés Farías llegó a Laredo como miembro de la Tercera Tropa de Caballería de Nuevo Santander y ahí se convirtió en un brillante militar.

En marzo de 1811, el cura Miguel Hidalgo y su ejército de rebeldes salió de Saltillo a Monclova, esto fue sabido en Laredo por el capitán Ramón Díaz Bustamante, quien acudió con 170 hombres a hacerle frente al cura Hidalgo; el 21 de marzo de 1811 capturó a muchos insurgentes en Pozos de Bajan y las tropas de Laredo estaban por sorprender a 204 rebeldes en Real Boca de Leones.

En una carta escrita en Monclova en mayo 12 de 1811 por el entonces gobernador de Nuevo León Simón de Herrera al comandante militar Félix María Calleja, le encomienda que Don José Andrés Farías ejerza las funciones de asistente y *prosecutor* de los cargos hechos en contra de los insurgentes capturados.

Al relatar esta historia, el autor, Isidro Viesca Canales confirma que entre los hombres más destacados del capitán Bustamante figura el alférez retirado Don José Andrés Farías.

En el verano de 1813 pasó por Laredo un gran regimiento español en ruta hacia San Antonio de Béxar para detener lo que se conoce en la historia como la expedición Gutiérrez-Magee en efecto de la primera revolución de Texas.

Don Joaquín Arredondo, comandante general de las provincias interiores del Este, encomendó al teniente José Andrés Farías mandar las tropas del norte hacia el sur de San Antonio; a este se le conoce como el Condado de Atascosa.

Arredondo rodeó al Ejército rebelde el 18 de agosto de 1813, en la Batalla de Medina, que fue una de las más sangrientas al oeste del Mississippi, en ella perecieron aproximadamente mil hombres. Arredondo capturó San Antonio de Béxar y procedió a establecer la corona Española.

En su reporte al virrey Félix María Calleja, Arredondo conmemoró a muchos de sus hombres por su valentía, en este reconocimiento de los Oficiales de Caballería, Arredondo realza dentro de la lista de tenientes a Don José Andrés Farías, quien junto con otros oficiales demostraron coraje, ardor y entusiasmo al mandar sus tropas y cumplir con su deber. Es interesante resaltar que uno de los tenientes citados en el reporte fue Antonio López de Santana, el futuro *Napoleón del Oeste*.

José Andrés Farías fue nombrado Alcalde de Laredo en 1816; y debido a su entrenamiento y actitud militar fue muy enérgico y conservador durante su administración.

Don José Andrés Farías y Guadalupe Sánchez tuvieron siete hijos y adoptaron a una niña que aparentemente fue dejada en la puerta de su casa, su hijo mayor nació el 9 de enero de 1807 y fue Juan Francisco Farías, quien, como su padre, nació en San Pedro de Las Colonias, Coahuila. Del resto de sus hermanos no se tiene ningún rastro, las familias Farías de Laredo son todas descendientes de Juan Francisco Farías.

Los archivos de San Andrés de Nava, Coahuila, muestran que el 30 de junio de 1805 tuvieron otro hijo, Antonio Farías Rodríguez, quien se casó con Gertrudis Treviño y sus padrinos fueron José Andrés Farias y Guadalupe Sánchez, hermano y cuñada; de esta familia no hay huellas de descendencia.

El primogénito Juan Francisco Farías se casó con María Inocenta Benavides, viuda del capitán José Cayetano de la Garza, a quien los indios mataron en alguna batalla desconocida y con quien tuvo dos prominentes hijos, Lázaro y Cayetano, quienes sirvieron como jueces en el Condado de Webb, Texas.

Juan Francisco y María Inocenta tuvieron 11 hijos propios: Francisco, Encarnación, Trinidad, Ignacia, Antonio, Matiana, María de Jesús, Andrés Macario, María Guadalupe, Manuelita y Gregorio.

La familia de Francisco, el hijo mayor, se casó con Francisca Benavides, cuya descendencia es la línea que permanece en Laredo.

La familia de Andrés Macario, octavo hijo de Juan Francisco, es muy extensa y es de donde provengo yo; Andrés (mi bisabuelo) se casó con Nemesia Hernández el 3 de julio (mi cumpleaños) de 1867 y tuvieron 15 hijos; esta familia vive a lo largo y ancho de la República Mexicana; algunas de la familia viven en Monterrey y Torreón.

El sexto hijo de Andrés y Nemesia, Andrés Librado Farías Hernández, fue el 12º Presidente Municipal de Torreón; asumió el cargo el 3 de abril de 1914, directamente del general Francisco Villa, después que Torreón cayó en manos de los rebeldes; terminó su gestión en septiembre de 1915, tiempo durante el cual desarrolló varios trabajos de importancia.

Un nieto de Andrés M. Farías, hijo José Faustino Farías, el décimo de su descendencia, es Luis M. Farías, quien fue Gobernador de Nuevo León, presidente en la Cámara de Diputados, senador y presidente Municipal de Monterrey; además fue catedrático de la Universidad, comentarista en la radiodifusora XEW-AM y escritor.

La hermana mayor de Luis M. Farías, Benedicta Farías Martínez, está casada con Pedro Montalbán, hermano mayor del artista de cine Ricardo Montalbán.

Otro nieto de Andrés M. Farías y Nemesia, hijo de Fernando Andrés Farías de la Garza, séptimo de su descendencia, es el autor del libro *Nuestra Familia Farías*, editado en 1976.

En la Convención de Laredo celebrada en enero 17 de 1848, los líderes Federalistas, de Nuevo León, Tamaulipas y Coahuila declararon su Independencia del México Centralista con deseos de volver a la Constitución de 1824, en la República del Río Grande, fue creada por ambición del licenciado Antonio Canales, Jesús Cardanes fue nombrado Presidente, Francisco Vidaurri y Villaseñor vicepresidente y Antonio Canales comandante en jefe de un ejército que no existía, Juan Francisco Farías fue nombrado Secretario de la República.

Después del Tratado de Guadalupe-Hidalgo en 1848, muchos laredoenses lo interpretaron como si fuera para salir de Laredo, Texas al lado mexicano, muchos de ellos salieron al lado mexicano y otros, entre los que estuvo Juan Francisco Farías, decidieron aplicar la ciudadanía americana; en abril 27 de 1857 adquirió la ciudadanía. En enero de 1876 Juan Francisco fue Alcalde de Laredo y asumió una carrera oficial para su ciudad.

En enero 1 de 1872, en la Iglesia de San Agustín, Manuelita Farías contrajo matrimonio con Evaristo Madero, un hombre de 43 años viudo de Rafaela Hernández, los casó el reverendo J.C. Neraz y sus padrinos fueron su hermano Andrés M. Farías y su cuñada Nemesia Hernández de Farías.

El nieto de Manuelita, Francisco I Madero, llegó a ser Presidente de la República Mexicana. Los Madero fueron sobresalientes por su energía, sobriedad y sentido de negocios.

Muchos hicieron grandes fortunas; Evaristo en particular, poseía una de las diez fortunas más grandes de México, tenía ranchos de 800 mil hectáreas, plantas textiles, viñedos, minas, y plantaciones de hule, fue Gobernador de Coahuila y fundó el primer Banco en el norte de México, Banco de Nuevo León.

32 GENERACIONES FARIAS

ANTECEDENTES		
FAMILIAR	**GENERACIÓN (PRIMERA RAMA, 1100)**	**MATRIMONIO**
Tomás de Faria (1100)	Primera generación	
Juan Faría (1135)	Segunda generación	
Vasco Peres de Faria (1150)	Tercera generación	
Nuno Goncalvez de Faria, *El Bueno* (1200)	Cuarta generación	
Goncalo Nuno de Faria (1250)	Quinta generación	Teresa de Meira
Goncalo Nuno de Faria (1280)	Sexta generación	Aldonsa Vasquez de Faria
Fernan Goncalves de Faria (1310)	Séptima generación	
Gonzalo Gomez Faria (1246-1279)	Octava generación	
Villa de Barcelos, Portugal		

FAMILIAR	GENERACIÓN (SEGUNDA RAMA, 1380)	MATRIMONIO
Álvaro Gonzalez de Faría (1380)	Novena generación	María de Sousa
Pedro de Faria (1400), Gobernador de Málaga	Décima generación	
Juan Álvarez de Faría (1430)	Onceava generación	Mencia Telles
Rodrigo de Faria (1470)	Doceava generación	Juana Figeredo
Pedro de Faria Figuerado	Treceava generación	
Nicolás de Faria (1500)	Catorceava generación	
Baltazar de Faria (1525)	Quinceava generación	Isabel Brandaon
Nicolás de Faria Brandon (1550)	Dieciseisava generación	María de Villena
Francisco de Faria Villena (1560)	Diecisieteava generación	Felipa Meneses
Álvaro de Faria Tellez (1450)		Isabel de Silva
Lorenzo de Faria y Silva (1475)		Guiomar de Silva
Duarte de Faria y Silva (1500)		
Gregorio de Faria (1550)		Juana de Travazos
Simón de Faria y Silva (1550)		Felipa de Sousa
Andrés de Faria y Sousa		Felipa de Figueredo
Anton de Faria y Sigueredo (1600)		Leonor Goncalvez de Oliveira

FAMILIAR	GENERACIÓN (TERECERA RAMA, 1450)	MATRIMONIO
Alfonso Annes de Faria (1475)		
Fernan Diez de Faria (1500)		Catalina de Frade
Álvaro Fernández de Faria (1525)		Catalina de Frade
Duarte de Faria y Faria (1550)		María Servin
Antonio de Faria y Frade (1575)		Leonor de Faria
Juana Servin de Faria (1600)		Cristóbal Manuel

FAMILIAR	GENERACIÓN (CUARTA RAMA, 1450)	MATRIMONIO
Mencia Rodríguez de Faria		Juan de Sousa
Sancho de Faria Vasconcelos (1500)		
Tomás de Sousa Faria (1525)		María de Costa
Elena de Sousa Faria (1525)		Diego López de Lima
Estacio de Faria (1575)		Bernarda y Francisca Ribeira
Luisa de Faria y Ribeira (1600)		Amardor Peres De Eyro

FAMILIAR	GENERACIÓN (QUINTA RAMA, 1450)	MATRIMONIO
Beatriz de Faria (1475)		Francisco de Novaes
Catalina de Faria (1500)		Manuel de Sousa
Manuel de Faria y Peres Eyro (1600-1649)		Catalina Machado

FAMILIAR	GENERACIÓN MODERNA (MÉXICO, 1575)	MATRIMONIO
Juan de Faria (1554) Málaga, España	Dieciochoava generación	María Treviño Quintanilla (1574)
Juan de Faria Treviño (1600)	Diecinuevava generación	
Alfonso Faria Treviño (1620)	Veinteava generación	Ana de Sousa Navarro
Alfonso Faria de Sousa	Ventiunava generación	
Ana Farías de Sosa (1640)		Hernando Arredondo Agüero
Alfonso Farías Arredondo	veintidosava generación	Francisca
Juan Farías Arredondo (1667)		Margarita Arredondo
Manuel Ignacio Farías, (1720) Querétaro, México	veintintresava generación	

José Antonio Farías (1720)	Veinticuatroava generación	Catalina Rodríguez
Presidio del Río Grande de San, Juan Bautista, Coahuila		
José Angres Farías (1780)	Veinticincoava generación Noviembre 30, 1803	Guadalupe Sánchez
Juan Francisco Farías Sánchez (enero 9, 1807—abril, 1870)	Veintiseisava generación Junio 15, 1832	María Inocenta Benavides (diciembre 27, 1810—abril 3, 1855)
Andrés M. Farías Benavides (septiembre 29, 1854 —septiembre 9, 1954)	Veintisieteava generación Julio 3, 1867	Ma. Nemesia Santos Hernández (octubre 31, 1848—mayo 24, 1902)
Enrique Fabián Farías Hernández (enero 20, 1882—marzo 17, 1977)	Veintiochoava generación Agosto 30, 1909	Mercedes Muguerza Lafón (octubre 8, 1887—febrero 8, 1975)
Enrique Farías Muguerza (junio 29, 1910—mayo 3, 1976)	Veintinueveana generación Junio 27, 1936	Mercedes Parás González (febrero 24, 1914— diciembre 31, 1996)
Enrique Farías Parás (abril 26, 1938)	Treintava generación Agosto 10, 1963	Patricia de Tárnava Sada (abril 16, 1941)
Raúl Farías Treviño (noviembre 22, 1972)	Treintaunava generación Noviembre 29, 1997	Diana Laura Pérez Elizondo (enero 29, 1974)
Raúl Farías Pérez (agosto 9, 1999)	Treintaidosava generación	

MIS ORIGENES

Ancestry Composition

Your DNA tells the story of who you are and how you're connected to populations around the world. Trace your heritage through the centuries and uncover clues about where your ancestors lived and when.

Raul Farias	**100%**
European	91.4%
Iberian	63.1%
Spain	
Italian	4.1%
Ashkenazi Jewish	1.0%
Broadly Southern European	15.1%
Broadly Northwestern European	6.2%
Broadly European	1.9%
East Asian & Native American	6.4%
Native American	6.1%
Mexico	
Broadly East Asian & Native American	0.2%
Sub-Saharan African	0.8%
West African	0.6%
Broadly Sub-Saharan African	0.1%
Western Asian & North African	0.1%
North African & Arabian	0.1%

MI VIDA

Ayer no resucita. Lo que hay atrás no cuenta.
Lo que vivimos ya no está.
El amanecer nos entrega la primera hora.
Y el primer ahora de otra vida.
Lo único *de verdad nuestro, es el día que comienza.*
JOSE EMILIO PACHECO

Estoy plenamente consciente que tengo una deuda impagable con Dios Nuestro Señor, pues me ha dado una vida inmerecida y plena.

Tengo casi 75 años, nací en Monterrey cuando el mundo estaba en guerra y en México, especialmente en Monterrey, se vivía una economía favorable por las exportaciones a Estados Unidos.

Durante mi niñez vivimos en la calle Mapimí, de la colonia María Luisa, vecina al Obispado. Nuestra casa estaba cerca de la de mis abuelos maternos y paternos, y teníamos vecinos con hijos de mi edad. Por la calle Degollado vivían mis abuelos paternos: Enrique Farías Hernández y Mercedes Muguerza Lafón.

Por el lado de mi madre, Emilio Arizpe Santos y Elena de la Maza Icaza, que aunque eran de Saltillo vivían en Monterrey debido a una afección cardiaca de mi abuelo. Él viajaba seguido a Saltillo, a donde me gustaba mucho acompañarlo a supervisar su embotelladora de Coca Cola.

Ambas familias eran empresarias. Por el lado de mi padre, mi bisabuelo, don José A Muguerza, fue un gran emprendedor y, entre otras empresas, fue fundador de Cer-vecería. En 1934, ante la falta de un centro de salud bien provisto en la ciudad, construyó el Hospital Muguerza; en ese entonces solo existía el Hospital Civil, pequeño y mal equipado. El IMSS se creó hasta 1943.

Mi padre, también emprendedor, fundó junto con su hermano Enrique la empresa *Farías S.A*; así que yo, desde pequeño, quise tener un negocio. Las cicunstancias no me lo permitieron; entré a estudiar Contaduría Pública al Tecnológico de Monterrey, en donde nos enseñaban a ser buenos empleados, ya que para eso fue creado en 1943.

Salí de ahí buscando un empleo y por esa razón se dilató mucho mi ilusión de llegar a ser un empresario. Pero eso es materia del capítulo en el que comentaré sobre mi trabajo.

Soy primogénito de siete hermanos, nací el 3 de julio de 1943, me imagino que en el Hospital Muguerza. De mis primeros años sólo recuerdo que mi mamá caminaba tanto a casa de sus papás como a casa de mis abuelos paternos, y seguido me cargaba e íbamos a visitar sobre todo a los primeros. Cuando tenía cuatro años nos cambiamos a la Colonia Las Lomas, calle Adolfo Prieto (hoy Ángel Martínez Villarreal) 2719, casa que habité hasta que me casé.

De los primeros recuerdos con mi ma-má nunca olvidaré que, cuando tenía cinco o seis años, estando en el balcón de la casa de mis abuelitos en Saltillo, se me cayó al jardín una moneda de 5 pesos plata que mi papá me acababa de regalar por mi cumpleaños. Tras buscarla infructuosamente durante un tiempo que se me hizo una éternidad, mamá me dijo que ofreciera 13 centavos y 13 padres nuestros a San Antonio.

Sin saber de dónde iba a sacar los 13 centavos, pues no quería partir mi moneda, hice mi oferta y casi al instante apareció. Fue magia que se me quedó grabada para siempre y me sirvió para normar muchos aspectos de mi vida: el Señor es convenenciero, pensé, si por 13 centavos te auxilia, que será si le ofreces un poquito más.

La verdad es que el hecho me ayudó a comprender la fe ciega con que mi mamá se ponía ella y lo que la rodeaba en manos de Dios Nuestro Señor, como se puso en sus manos meses antes de partir de este mundo y al final, en su cama de Hospital, estaba tranquila.

De mi papá recuerdo que, además de que me regañaba, desde muy niño me llevaba al beisbol de perdido una o dos veces por semana a ver a los Sultanes en el Parque Cuauhtémoc. Papá tenía un palco junto con el *Gato* Padilla y mi tío Fernando González, que si iba era una garantía de que la pasaríamos bien, aunque no ganaran los Sultanes.

Cuando a papá se le atravesaba algo, conseguía un chofer de Farías, S.A que nos llevara al parque a mí y a mi primo Hernán González Farías. Aún hoy es fecha que puedo nombrar de memoria a cada uno de los nueve jugadores que abrían el cuadro de los Sultanes. Platicar de esto al día siguiente en el colegio era gloria pura. Esta afición me ayudó mucho a destacar en el béisbol interparroquial que jugué más adelante, en el Colegio Franco.

Otra actividad favorita de mi niñez fue que me llevaran al *Contry*, como le llamábamos al Monterrey Country Club, que estaba donde hoy se localiza la colonia Contry; ahí papá practicaba el golf, fue también donde conocí a muchos de mis actuales amigos y, aunque al principio de nuestras visitas sólo podíamos usar la alberca, eventualmente tomamos clases y aprendí a los siete u ocho años a jugar golf, el maravilloso deporte que se ha convertido en mi actual pasión y al que le he dedicado tanto tiempo. Nuestro profesor (de Hernán González y mío) se llamaba Margarito Solís, un *Tex Mex* muy apreciado por papá, por lo que le dolió mucho su trágica muerte en un accidente automovilístico.

Papá llegó a ser presidente del Contry, imagínense cómo me sentía: dueño del mundo. Fue un magnífico golfista y junto con mis tíos Javier "El Gato" Padilla, Fernando "El Apestoso" González Quijano, Fernando

Méndez; y los jovencitos: mi primo Enrique "El Churrito" Farías, y Fernando "La Bachana" Garza, llevaron muy alto al golf regiomontano.

Recuerdo los torneos de Torreón, de Saltillo y de Tampico. A nivel nacional no había quién les ganara en los interclubs. En Torreón me enseñaron a fumar los amigos de Enrique, ¡qué bueno que no me prendió el hábito!

Los veranos nos llevaban seguido a mi hermana Luchi y a mí a Saltillo, y jugábamos con mis primos Marcelino y Luz María Garza Arizpe. Me gustaba estar allá pero no me gustaba el viaje porque, por lo general, duraba dos horas en el asiento de atrás del carro de mis abuelos *Pande y Mande*.

Papá siempre me hizo sentir que éramos importantes pues desde que me acuerdo formó parte de las mesas directivas del colegio o del club.

Mamá era lo máximo pues no importaba cuántos amigos llevaramos a la casa, siempre los hacía sentirse bienvenidos a jugar en *el terreno*, que era como le llamábamos a la propiedad contigua que adquirieron y anexaron a la casa para practicar spiro, básquet, beisbol y futbol, además, por supuesto, del famoso *apachurrado*, que nunca entendimos por qué mamá siempre ganaba.

Una vez llevé a por lo menos 18 amigos, pues completamos dos equipos de beisbol, y mamá, sin inmutarse y no sé ni cómo, nos trajo volcanes (conchas) de la Casa Azul y cocas para todos. En otra ocasión nos faltaba un jugador y mamá salió al quite.

A papá no nos gustaba mucho invitarlo porque era despiadado para ganarnos, nos hacía pedazos jugando, por lo general, en el equipo contrario al nuestro. Menos me gustaba si en el otro equipo jugaba Hernán, mi primo, pues a pesar de que más que primos fuimos casi hermanos, rivalizamos en todo. En clases siempre me ganó; en el deporte ahí nos dábamos.

Aunque Mágala, la hermana de Hernán, era un poco más grande que yo, sufríamos de lo mismo al tener ella un hermano y yo un primo *incómodo* (era muy estudioso) a quien nos ponían siempre de ejemplo. Mágala una vez hasta pensó huir de su casa, pero no tuvo tiempo ya que antes la mandaron a un internado a San Luis Potosí.

En cuanto a mí, cada vez que papá iba a visitar a su hermana –mamá de Hernán– y por lo general se encontraba a Hernán estudiando; luego, al llegar a nuestra casa y verme a mí jugando casi de inmediato venía el sermón: "nunca vas a hacer nada en la vida" y otra serie de frases poco alentadoras.

Un día, luego de esos *sermones*, me propuse demostrarle que estaba equivocado y ese mes saqué el primer lugar en mi clase (en la misma donde estaban Hernán y otros estudiosos) y con mucho temor y valor al mismo tiempo le dije a mi papá: "Sí puedo, pero no me interesa sacar primeros lugares", eso sirvió para que me dejara tranquilo, aunque no por mucho.

Me encantaba que me llevaran a ver algún deporte en donde iba a participar mi tío Fernando González Quijano, él era muy competitivo y como papá no se quedaba atrás, pues se daban sus agarrones, principalmente en el golf, donde mi tío era muy *easy going* y papá era muy, pero muy intenso.

Yo creo que tan difícil es para los jóvenes de hoy imaginarse lo divertido que eran para nosotros todas esas actividades como para nosotros es aceptar que se apasionen tanto por los juegos electrónicos. Pero cómo gozábamos y nos apasionábamos.

Los viajes familiares no me gustaban mucho, era el mayor y me daban muchas responsabilidades, además consideraba a mis hermanos unos latosos, por eso a los 14 años, en la primera oportunidad que tuve, me pelé de ellos. Hasta ahora sé lo mucho que me perdí.

Fue precisamente en uno de esos viajes que papá confió en dejarme su Volkswagen, que por un descuido destrocé en un accidente. Todavía recuerdo a mi tío Enrique decirme con una sonrisa en la boca: "Te van a matar".

Un poco antes de este viaje me llevaron mis papás a Saint Louis Missouri para dejarme estudiando en *Chaminade College*, donde habían ido mi primo Enrique y mi tío Tachis. Me dejaron allí, y no obstante que hicieron un gran sacrificio para lograrlo, en aquel momento pensé que me mandaban porque ya había muchos en la casa y a mí no me querían. Después me confundí mucho pues cuando se despidieron fue la primera vez, de muy pocas, que vi a mi papá llorar. Después de dejarme se fueron a celebrar sus 15 años de casados en un viaje en carro a Nueva Orleáns.

Mis años en Estados Unidos me dejaron muy bellos recuerdos además de un amigo personal, y de la familia, muy especial: John Davis, quien nunca perdió el contacto con mis papás y aún recientemente les escribió, siempre firmando como: "su hijo gringo".

A mis papás los extrañaba, especialmente a mamá, pero me dieron la seguridad para que yo la pasara bien sin sentirme culpable.

Hasta antes de irme a Estados Unidos mi pasión eran los deportes, al regresar me empezaron a llamar la atención las chicas, así que me dediqué a conocer todas las que pudiera, papá no comentaba gran cosa, pero todavía puedo ver a mamá pasarme el teléfono con cara de pocos amigos y luego decirme: "¿qué clase de jovencita le llama a su casa a un hombre?"

Junto con mi hermana Luchi nunca me perdí un baile, y a través de ella tuve muchas amigas.

Uno de los primeros fue el famoso baile de 15 años de Celina Rivero, al que, por alguna razón empecé a tomar cubas, luego perdí el control y me puse tan necio que mis amigos me sacaron de la casa y, para que ya no los molestara, me trajeron un florero lleno de distintas bebidas que traté de tomar; entonces perdí el conocimiento, pero con tan buena suerte que en ese momento salía Don Alberto Santos, quien al verme avisó a mi papá, que llegó y me llevó al hospital.

¡Qué experiencia!

Cuando desperté estaba enyesado de piernas y brazos y antes de salir de mi asombro me dio sed, pedí agua, pero alguien me llevó una cuba y me dijo que era por orden de papá, quien al rato llegó y me dijo que había tenido un accidente y que me iba a quedar así por un buen tiempo.

¡Fue horrible!, aunque al día siguiente me dijeron la verdad.

¡A'pa leccioncita!

Otra de esas fue cuando después de ver a las chicas nos íbamos a hacer travesuras y se nos ocurrió empujar por detrás a uno de esos Fortingos (el modelo A de Ford de 1927 a 1931 que había en Monterrey en aquellos años, y emprender a toda velocidad hasta soltarlos en algún semáforo en rojo.

A nosotros nos parecía muy gracioso hasta que nos detuvo un agente de tránsito y nos llevó detenidos al departamento de Tránsito, que estaba en el Mercado Colón. Por ser menores de edad les llamaron a nuestros padres y empecé a presumir que mi papá era muy influyente.

En efecto, al rato un policía preguntó: "¿Quién es Raúl Farías?", muy ufano contesté que yo, y volteé a ver a mis amigos como diciendo "ya ven", pero antes de otra cosa el policía me entregó una cobija con el mensaje de "se la manda su papá".

No puedo dejar de comentar otra de las barbaridades que hacíamos de jóvenes, a algunos nos habían regalado pistolas de salva que se pusieron de moda cuando tendría yo unos 13 o 14 años. Una noche en el Casino Monterrey planeamos una persecución casi gangsteril. Salimos en dos carros y en cada carro traíamos dos pistolas de salva. En Zuazua y Padre Mier los del carro de atrás se salían de las ventanas disparando al carro de enfrente y al revés, los de enfrente disparaban al carro de atrás, así nos fuimos por todo Padre Mier hasta la calle Juárez, donde volteamos para regresar por Morelos (en ese tiempo no era peatonal), al llegar a Sanborns nos bajamos de los carros e iniciamos una pelea ficticia a golpes, recuerdo muy bien que se acercó una señora con un bastón o paraguas a defender a alguien que parecía estar golpeando fuerte a otro, las personas que estaban viendo TV en De Llano se tiraron al suelo al escuchar los balazos, los que estaban cerca de Sanborns huían, en fin, cuando regresamos al Casino no parábamos de reír.

En otra ocasión cerramos la calle Morelos desde Juárez hasta Zaragoza nomás porque nos pareció divertido causando un tremendo embotellamiento; en fin, no terminaría de contar tantas ocurrencias que, aunque inofensivas, eran travesuras de chavos sin quehacer que no medían las consecuencias.

Una vez veníamos del Estadio del Tec, alguien sacó la mano y golpeó la espalda de un ciclista que nos persiguió hasta el Casino y tuvimos que entrar corriendo porque estaba fúrico y creo que no nos hubiera ido muy bien con él.

Siempre me han gustado los automóviles, mi primer carro fue un Ford 1951, más adelante me lo cambiaron por un Volvo verde que mi papá le compró a Panchito González, luego un Opel coupé, lo más deportivo que había en ese entonces y, antes de casarme, compré un Falcon 200 que para mí era lo máximo.

Ya casado siempre me incliné por los deportivos. Llegué a tener un Thunderbird 55 que tuve que vender porque a cada rato me daba problemas, tuve dos Mustang, un Súper Bee y el más deportivo de todos, un Nissan Z 300.

Además de las amigas de mi hermana, por mi lado buscaba conocer a más, tenía el grupo del Obispado, de la Chepe Vera, de la del Valle, me colaba en bailes donde no me invitaban, iba a las matinés del Casino, más adelante a los *suppers*, en fin, no me perdía una.

En uno de esos suppers (antes de tener novia)

hubo una variedad, la cantante era una *rockera* de moda que se llamaba Mayté Gaos, mis amigos hicieron una apuesta a ver quién la sacaba a bailar.

Después de la variedad estaba ella sentada en la mesa del presidente del Casino y ante las miradas pesadas de las señoras, le pedí que bailara conmigo. Era un güerco pero, para mi sorpresa aceptó, no solo gané la apuesta sino además por días me sentí todo un galán.

Cómo olvidar las reuniones en casa de la tía Ninfa, que invitaba a los amigos de Eu-genio y a las amigas de Teté, a los tímidos les buscaba pareja y los demás nos animábamos a sacar a bailar a alguien, pisando pies, bailando mal, pero cómo gozábamos.

Una de estas fiestas hizo que hiriera a mi mamá, en aquel tiempo no me di cuenta, pero más tarde me dolió mucho haberlo hecho. Resulta que acababa de fallecer Luis, su hermano, y había una fiesta en el Casino, decidí ir a la fiesta y para mi infortunio ella se enteró, se sintió herida y creo que mi respuesta la lastimó aún más: "¿qué prefieres, que pase por la Purísima, rece por mi tío y me vaya a la fiesta, o me quede en la casa echándole madres al tío?" Diferencia generacional. Nunca entendí el luto, la ropa negra, el radio apagado, ni ninguna de esas costumbres que han ido desapareciendo.

Mi vida de *playboy* duró poco; a los 19 años conocí a la mujer que ha sido mi esposa, compañera y madre de mis hijos, lo que detallaré en el siguiente capítulo.

MI EDUCACION

Education is not preparation for life;
education is life itself.
John Dewey

La primera escuela a la que asistí fue el kinder de Miss Chacha Derby, todo era en inglés y la mayoría de los compañeros eran hijos de americanos, realmente recuerdo poco de esa etapa, solo que estaba en una casona por Venustiano Carranza casi con Hidalgo, y que lo que aprendí me sirvió luego para cuando me mandaron a estudiar a EU.

De allí entré al Colegio Franco Mexicano de la calle Hidalgo donde había estudiado mi papá, para llegar hacía mi mamá viajes con otras señoras y para regresar caminaba a casa de mis abuelos Arizpe que estaba a unas cuadras donde me recogía mi papá al regresar del trabajo.

Los únicos que me acuerdo de los primeros años fueron Hernán González mi primo, Eugenio Clariond, Guillermo el Peli González y Hector Elizondo Chapita.

En primero y segundo de primaria tuve maestras, de tercero en adelante ya me sentía grande porque los profesores eran hermanos maristas. Los que más recuerdo fueron el de 4o. profesor Salvador Torres, en 5o. Manuel Rivera, este me inculcó el deporte y por eso conocí a Oswaldo Cázares entrenador de Basket con quien siempre llevé una buena amistad.

La secundaria solo hice un año y recuerdo a los profesores, Almaraz, el Coco Liévano, el Sapo que no recuerdo su apellido, y el Yuca Hernández.

Mas que de los estudios recuerdo lo que disfruté los deportes, el campeonato Cruz de Malta del Círculo en Basket y la liga Inter parroquial de Baseball.

En las vacaciones me iba en camión al centro y en la panadería el Nopal de la calle Morelos pedía ride al Contry, por alguna razón varias veces me dio ride Raúl "mofles" Martínez, creo que en camino a su rancho.

El siguiente año me enviaron a EU a Chaminade College de Saint Louis Mo., dos años que gocé mucho por los nuevos amigos que hice y por la oportunidad de jugar todos los deportes, Basket, Baseball, Football americano y hasta Golf.

Cerca del colegio estaba Our Lady of the Pilar donde los domingos había "teentown" e íbamos a bailar con las niñas, empezaba a ponerse de moda el rock.

También cerca estaban Villa Duchesne donde estudiaban algunas amigas de Monterrey, aunque poco las ví.

A quienes frecuenté mas fue a mis primas Cata y Pollo Farías que estaban en Visitation Academy junto con Mágala Mouret, Cruchy Prado y Martha Guajardo, todas mayores que yo pero me invitaban a los bailes de su colegio y llevaba amigos para todas.

En ocasiones veía a amigos que estudiaban en Western Military Academy: Jaime Lobeira, Guicho Sada, Teto Maldonado, Gerardo Lozano y no recuerdo quien más.

En unas vacaciones me fue a visitar Alejandro Vega que estudiaba en Kansas.

A mi regreso entré a 1o de prepa en el CUM, mi maestro era un hermano marista francés de apellido Moulin, en prepa la pasé muy bien, igual mucho deporte y algo de estudios combinado con escapadas al boliche y al Campestre.

Por fin llegué a mi carrera en el ITESM, empecé economía porque era la carrera del futuro pero me cambié a contador porque parecía que los economistas no estaban consiguiendo chambas.

Del Tec tengo hermosos recuerdos, valiosos maestros, Rodolfo Montemayor, Rodolfo Sandoval, Felícitos Leal, Simón García, Asencio Carrión, y otros que se me escapan.

Me acuerdo más de los cafés en Centrales, las tortas de Cata y que terminé con promedio de 8.2, fiu.

A pesar de que me habían aceptado en Notre Dame de South Bend, Indiana para hacer mi maestría, primero era muy cara y ademas no estaba seguro de que tendría mi trabajo en Cigarrera al regresar así que decidí hacerla en la Escuela de Graduados del Tec en las noches.

Me resultó muy interesante y recuerdo que me gradué al mismo tiempo que Jorge mi hermano, por el apellido estábamos sentados juntos y atrás nuestros padres muy orgullosos.

ABUELOS PATERNOS

ABUELOS MATERNOS

PAPÁ

MAMÁ

1 AÑO

7 AÑOS

COUNTRY CLUB

17 AÑOS

PRIMERA COMUNION 1950

CASA 1960

21

ALEJANDRO VEGA   JOSE BARRAGAN   JORGE MARTINEZ
    RAUL FARIAS   JOSE CANALES   IGNACIO SANTOS

CCM

CASA CHIQUIS

COLA DE CABALLO

PRESA FALCÓN 1963

CLUB CAMPESTRE

PRESENTACION

24

PRESENTACION

1968

1968

LUNA DE MIEL 1968

LUNA DE MIEL 1968

CUATRO GENERACIONES

CASA LONDRES 1978

CASA LONDRES 1978

CASA LONDRES 1978

CASA LONDRES 1978

MOSCÚ

CAPRI 1978

FLORENCIA 1978

PARIS 1978

31

ATENAS 1978

BODA NORA 1979

CASA 1981

NAVIDAD 1983

FAMILIA MOTORIZADA

PARK CITY

RIO DE LA PLATA ARGENTINA

REINA DEL CAMPESTRE 1986

MI FAMILIA

Gracias a la vida
Que me ha dado tanto
Violeta Parra

Sin ningún lugar a dudas, Dios Nuestro Señor me dio la mejor familia que pudiera desear.

No conocí a mis bisabuelos, pero mis abuelos de ambos lados fueron maravillosos. Mi abuelo Enrique Farías nunca perdía oportunidad de dar un consejo, el primero que recibí de él fue un día que estábamos solos, yo tendría unos 10 años, me pidió que le trajera un refresco, fui a la cocina, busqué un refresco, se lo llevé y me dijo: "ni para mesero sirves"; un buen mesero lo hubiera traído abierto y un magnífico mesero me habría traído un vaso, hielos y una servilleta", y sus palabras de cierre de esa anécdota se me quedaron grabadas para siempre: "¿quieres salir adelante en la vida?, lo que hagas, hazlo mejor que los demás".

Era poeta, le componía versos a mi abuela y a la cerveza Carta Blanca, era un deleite escucharlo. (En el anexo adjunto algunos de sus textos).

Mi abuela era una viejita simpatiquísima, nos consentía mucho, nos hacía leche quemada y calmaba a mi abuelo cuando se enojaba. Los jueves íbamos Jorge mi hermano y yo a comer a su casa, y un día tocó hígado encebollado, nomás de ver aquello se me revolvía el estómago, pero la primera regla era que no podías dejar nada en el plato. Mi abuela se dio cuenta y me dijo: "haz un taco", lo hice, pero no quería llevármelo a la boca por temor a devolver. Cuando se distrajo mi abuelo, ella me dijo: "échatelo a la bolsa" y asunto terminado.

Adoraba a mi abuela, cada año añoraba que llegara diciembre para que empezaran las posadas de la Familia Muguerza; cada hermana hacía una y la última era en el Hospital Muguerza, con show de las tías. Allí se reunían no sólo los primos hermanos, sino montones de primos segundos. Nos reuníamos en casa de mi tío Enrique y gozaba con mi primo mayor, también Enrique, que era algo así como mi ídolo. De mis primas Kika, Cata, Pollo y Mágala yo pensaba que eran las más bonitas del mundo.

Por supuesto jugaba con Hernán, casi mi hermano, y los Coindreau: Bobby y Bernie. De allí a la capilla del Hospital para Misa de Gallo con el padre Kuri, oficiada de manera especial para las monjas y la familia Muguerza. Terminando, a dormir para poder despertar temprano a ver los regalos de Santa Claus.

Mis abuelos Arizpe eran más serios, Pan-de Emilio, como le decíamos, quería tranquilidad; si hacíamos mucho alboroto nos mandaba a jugar afuera, al gallinero. Mi abuela, Mande Elena, vivía para él y para rezar. También las navidades con los Arizpe eran muy bonitas, pero sólo había un primo y una prima de mi edad, Marcelino y Luz María, (en aquel tiempo decía que me iba a casar con ella) los demás eran más chicos.

Respecto a mis padres, papá era muy estricto, trabajaba mucho, jugaba golf y los martes, junto con mi mamá, se iban al dominó. Ese día Luchi y yo nos dormíamos más tarde y le hacíamos la vida difícil a Jorge.

Mi estricto papá siempre pensaba que si nos desviábamos un centímetro de lo que debía ser, íbamos a fracasar en la vida. Creo que al final de su vida tuvo la oportunidad de ver a todos sus hijos abrirse paso y salir adelante.

Mi mamá fue la mejor mamá del mundo, no sólo era hermosa, lo que me encantaba que me dijeran, también todos me decían lo mucho que la querían.

Era consentidora, nos decía que no haciéndonos creer que nos había dicho que sí, cuando faltaba alguien para completar un equipo de beisbol, jugaba con nosotros, después de jugar nos daba cocas y conchas o nos traía paletas heladas.

Yo iba creciendo y ella se adaptaba a los tiempos, firmaba mis calificaciones cuando eran malas, le doraba la píldora a mi papá para que el regaño no fuera muy fuerte, le encantaban las chicas que yo invitaba (excepto las que me llamaban a la casa), nos hacía reuniones; en fin, nunca tenía de qué quejarme con ella, era mi mamá y mi amiga.

De las cosas más admirables de mi mamá era su casi obsesión por la unión familiar, y vaya que lo logró, algo que difícilmente veo en otras familias. Siete hijos, siete personalidades totalmente distintas en todos sentidos, nos juntaba a cenar todos los lunes en su casa. Yo siempre lo disfruté, pero también temía que cuando faltaran papá y mamá, dejaríamos de hacerlo.

Han pasado 13 años desde que nos dejaron y es fecha que lo seguimos haciendo y, por mi parte, lo sigo disfrutando. Nunca hemos tenido ni siquiera un disgusto, bueno, por lo menos que me haya dado cuenta. Además de las cenas de todos los lunes, hemos procurado hacer un viaje juntos en el aniversario de bodas de nuestros padres.

Luchi y yo fuimos inseparables; hubo ocasiones que hasta para hacer travesuras, como la de empujar fortingas, me acompañó; ¡qué bueno que mis papás no se enteraron de eso!

A Jorge le tenía un poco de celo, era muy buen estudiante y un gran deportista, de él para abajo no puedo hablar mucho de mis hermanos, con excepción de *Popo*, que operaba gatos que luego yo tenía que matar para que no chillaran, (nunca les puso suficiente anestesia y se le despertaban), con la diferencia de edad de los demás, y yo siendo un *teenager* chocante, los consideraba latosos y realmente los vine a conocer después de casado.

De Jaime sólo recuerdo que siempre estaba del lado de Jorge. A Memo, en especial, lo empecé a conocer a raíz de la enfermedad de mamá, a mis 60 años. A Fini, por ser la bebita, la traté un poco más, luego fue a pasar un tiempo con nosotros cuando vivimos en Londres.

Por alguna razón, a pesar de que hacíamos todo juntos, la primera comunión de mi primo Hernán González fue un día antes que la mía. En su fiesta me peleé y, ¡horror!, había pecado. Cuando llegó mi papá a la casa, además de la regañada me llevó a buscar un sacerdote que me confesara: las monjas del Hospital lo consiguieron, y pude comulgar en estado de gracia.

Mi casa siempre fue un centro de reunión. Iban primos, amigos y amigos de amigos de todas las edades, siempre había un juego de basquetbol o de beisbol, a veces, aunque no estuviera yo en la casa.

Recuerdo tantas cosas hermosas de mis padres que podría escribir muchas páginas, pero la verdad es que la mayoría son tesoros que guardo entre ellos dos y yo, y prefiero se queden así.

EL DESTINO EN UN ENCUENTRO FORTUITO: CHIQUIS

Coincidencias extrañas de la vida
Tantos siglos, Tantos mundos,
Tanto espacio Y COINCIDIR
Fernando Delgadillo

El cómo conocí a Chiquis fue una de esas cosas fortuitas que están destinadas a pasar, creo que fue un septiembre que estaba yo en la plaza de la Purísima lugar de moda de los años 60– y vi que una amiga no lograba estacionar su carro. Le ofrecí ayuda, ella se bajó y yo me puse al volante, en aquellos años los carros tenían como asiento una banca corrida para tres personas– así que al sentarme quedó a mi lado una chica que jamás había visto y creo que, a lo más, cruzamos un *hola*.

Estacioné el carro y me fui con mis amigos, pero sin estar seguro del porqué, no dejaba de pensar en la chica que había estado a mi lado.

El no conocer a alguien nunca ha sido un obstáculo para mí, fácilmente averigüé quién era, no tan fácil conseguí su número de teléfono y antes de una semana ya la estaba invitando.

El lugar al que fuimos no lo recuerdo, pero sí recuerdo que no sólo fue un sentimiento de primera vista. Disfruté estar con ella, y sospecho que fue mutuo, ya que de esa cita siguió otra y otra más. Antes de que me diera cuenta, en una fiesta de diciembre, ya éramos novios.

Recuerdo que el día que me hice novio de Chiquis me gustaba, porque es hermosa, me traía loquito, pero no estaba enamorado de ella. No quería enamorarme, la sentía algo distante. Cuando me le declaré no me dijo "sí", me dijo: "está bueno".

En las primeras salidas le ponían muchas restricciones, y con la libertad que yo había tenido toda mi vida, temía que finalmente podría llegar a ser igual de dominante que su papá.

Su sentido del humor era diferente al mío, cuando decía yo algo de broma lo tomaba muy a pecho y se molestaba conmigo. Más pronto cae un hablador que un cojo y nunca supe cuándo, pero para cuando me di cuenta ya sabía que, si algún día Chiquis me dejaba, no volvería a encontrar a alguien como ella.

En el noviazgo hubo de todo, yo empezaba mi carrera profesional en el Tec y ella estudiaba lo que las chicas casaderas de ese tiempo estudiaban, en el Colegio Motolinía.

Teníamos nuestras diferencias, pero en balance fueron muchos más los ratos que gozamos de la compañía de cada uno, por lo que nunca dudamos que un día nos casaríamos (por lo menos yo). Salíamos al cine, muchas veces con Pepe Vallina y Tenchis Maldonado, con Jaime, hermano de Tenchis, y Nora, hermana de Chiquis, de chaperones.

Íbamos a reuniones, de repente a cenar. Pasó mucho tiempo para que la dejaran subirse al carro conmigo y siempre con chaperón, creo que la primera vez que anduvimos solos en el carro fue para invitar a algún padrino de boda, y con el tiempo medido.

Un buen día le di el anillo de compromiso, pero no fijamos fecha de boda pues yo no ganaba lo suficiente. Como ya relataré en el capítulo del trabajo, mis ingresos mejoraron y fijamos la fecha de boda para principios de mayo de 1968.

Iniciamos los preparativos —más ella que yo— pero un buen día, un par de meses antes de la boda, me llamó mi jefe para decirme que m habían elegido para hacer un curso en Inglaterra durante el mes de mayo, esa circunstancia cambió nuestros planes.

Mi jefe le sugirió a mi novia que me fuera y, al término del curso, casarnos por poder para que ella me alcanzara en Inglaterra y pasar así nuestra luna de miel en Europa. Chiquis no aceptó. Tanta preparación y no poder entrar a la iglesia con su vestido de novia, era inaceptable. Entonces pospusimos la boda para el 5 de julio del mismo año.

Unos pocos días antes de casarnos, hicimos un viaje *loco* a San Antonio para comprar diversas cosas para nuestra casa; digo *loco* porque fuimos y regresamos el mismo día, acompañados, por supuesto.

Una anécdota de la boda: un día antes de casarnos, es decir, el jueves 4 de julio, Chiquis me llamó al trabajo para comentarme que necesitaba hablar conmigo, que si podía salir un momento de la oficina cuando ella llegara. Temí que quisiera hacerse para atrás y entonces me entró pánico; aún así le contesté que viniera de inmediato, pero me contestó que apenas se iba a arreglar; así que desde el momento de su llamada a su llegada a mi trabajo, pasé alrededor de tres horas sufriendo.

Unos días antes de esa llamada, el detallista de yo le había dado un regalo de bodas que Chiquis quería corresponder, por lo que el motivo de la visita era obsequiarme un extensible de oro —que aún conservo— para mi reloj. Luego de ya saber el motivo de su visita, obviamente pasaron varias horas antes de que pudiera recuperarme de la angustia previa.

La boda me pasó de noche, me acuerdo de muy pocas cosas; lo que más se me quedó grabado fue que al llegar al aeropuerto para salir de viaje de bodas, no sólo no traía un centavo, sino tampoco tarjetas de crédito. Había olvidado mi cartera en la casa; entonces entre mi suegro y mi papá me dieron 350 pesos que me sirvieron para el taxi del aeropuerto, la cena y el taxi del día siguiente para ir al aeropuerto a encontrar a Jaime Lobeira y Tere, que se casaron ese día y a quienes mi mamá les entregó mi cartera.

El viaje de bodas fue a la Ciudad de México, Los Ángeles, San Francisco, Las Vegas, Zion National Park en Utah, el Gran Cañón, San Antonio y de regreso a Monterrey. En todos lados rentábamos carro en Los Ángeles fuimos a Disneyland y nos perdimos varias veces; en San Francisco, en el hotel, no aceptaron la *Diners Club* que llevaba y los tuve que convencer de que me dejaran fir-mar la cuenta y me la enviaran a casa, en aquellos días se confiaba más en las per-sonas.

En Las Vegas nos pedían una credencial que probrara que éramos mayores de edad para entrar a los casinos; fue aquí, al salir de la ciudad y con una temperatura de 42º centígrados que se me ocurrió pararme a tomar una foto y, por el calor, el carro de los 60, ya no quería prender. En el Gran Cañón, al despertar una mañana abrimos la ventana de la cabaña (sin vidrio) y vimos un oso muy cerca, por lo que tuvimos que esperar a que se fuera para ir a desayunar. Fue un viaje con recuerdos inolvidables.

Chiquis y yo hemos viajado muchísimo solos, creo que ella es mejor compañera de viaje para mí, que yo para ella. Gozo mucho viajar con ella. No me equivoqué, en el matrimonio hemos tenido altas y bajas pero el balance siempre ha sido positivo. Hemos sabido respetarnos, me ha costado convencerla de que me deje ser yo, pero no me cabe duda: la quiero mucho y sospecho que me quiere igual.

LOS HIJOS DIFERENTES E IGUALES

Juntos tuvimos a los mejores hijos; Bibis me volvía loco, nunca perdí oportunidad de salirme con ella a dar la vuelta; en el Campestre *se me salía la baba* cuando la presumía a mis padres, abuelos, amigos, desconocidos, en fin, al mundo entero.

Lorena nació chiquita y siguió chiquita, era la mosquita muerta que, según yo, necesitaba protección. ¡Qué equivocado estaba! Lorena no necesitaba de nadie, desde muy pequeña tenía su carácter bien formado y sabía lo que quería.

Raúl, el primer varón, me hizo sentir realizado: güero, ojo azul y lo chuleaban a donde lo llevara, vaya que era yo un padre orgulloso. Hoy es un hombre trabajador y confiable que ha sabido forjar su vida.

Aquí cabe la anécdota de mi abuelo Enrique; él tenía cerca de 50 bisnietos, pero ninguno con el *Farías* como primer apellido, y a sus casi 90 años él sentía que sin descendientes hombres se acabaría su apellido. Cuando me casé me dijo que esperaba un hombre pronto.

Nació Bibis, no se desanimó y dijo, "seguro el que sigue". Nació Lorena y entonces sí se apuró; luego supo que mi hermano Jorge estaba esperando familia y dejó de pelarme hasta que nació Patricia.

Entonces, muy serio, me llamó y ofreció pagarme la maternidad si encargaba otro hijo pronto, pues ya sentía que le quedaba poco; mi abuela acababa de morir. Mi pensamiento fue: "págame el Tecnológico, no la maternidad", pero no se lo dije.

En noviembre de 1972 nació Raúl, y mi abuelo abrió una botella de champaña que guardaba hacía unos 20 años (echada a perder), aún así nos la bebimos y nos tomamos fotos con él y Raúl.

Por lo menos al respecto de la preservación de su apellido murió tranquilo.

Llegó Gerry y mas adelante hablaré de el.

GRAN UNIÓN FAMILIAR

En 1977 la Compañía nos trasladó a Londres, lo que me dio realmente el tiempo que necesitaba para conocer más a mi esposa, que se convirtió en esposa y amiga. También fue una época propicia para una gran unión familiar y conocer más a mis hijos. Se les empezaba a formar su carácter y me di cuenta de que tenía los mejores hijos del mundo. Los gocé plenamente, tuve mucho *quality time* con ellos, aprendí a quererlos como son, aunque tal vez nunca entendí que debí permitirles ser más ellos y no querer moldearlos a mi manera.

Pero bueno, para padre no se estudia, cometí muchos errores que ahora sé que no haría. El consuelo es que los veo cometiendo los mismos errores que creo mis padres cometieron conmigo, y yo con ellos.

La estancia en Londres resultó en una gran unión familiar. Los fines de semana nos íbamos a recorrer Inglaterra y nos faltó tiempo. Viajaron con nosotros mis hijos Beatriz Eugenia, Lorena de Lourdes y Raúl Enrique. Gerardo José nació hasta 1980.

Los tres niños, de 8, 6 y 4 años, al poco tiempo ya eran totalmente bilingües. Vivimos en 8 The Bishop's Avenue, una casa muy hermosa con un jardín muy bonito, mucha privacidad y muy convenientemente situada, aunque un poco lejos del colegio de mis hijos: Saint Christina's Montessori School, en Saint John's Wood, pero tuvimos la fortuna de que el chofer del colegio pasaba por la casa todos los días para ir al colegio y llevaba y traía a mis hijos, lo cual resultó muy cómodo.

BAT estaba en el área de Westminster, a donde llegaba después de un recorrido de 15 minutos en metro y una caminata junto al Támesis y el Parlamento. Mi oficina tenía una hermosa vista a St John's Smith Square, una iglesia antigua, actualmente sala de conciertos.

Vivíamos en el noroeste de Londres, en Hampstead, un área muy bonita. Viajábamos mucho dentro de Inglaterra, o nos íbamos en el ferry a Europa en periodos más largos de vacaciones. En poco tiempo superamos el reto de manejar con el volante del lado derecho, también mi esposa, que iba a una escuela para adultos a aprender pintura y escultura. Esa etapa fue como unas vacaciones largas, con mucha unión familiar.

Chiquis siempre decía que ella iba a tener primero dos hijas y después dos hijos. Tal parecía que eso no sucedería, pero el día menos pensado me dijo que esperaba otro hijo, o hija. El embarazo fue tenso, no habíamos hecho ni lugar para uno más en la casa, pero cuando nació Gerry todo cambió.

Me encantó tener bebé nuevo en la casa, juguete de sus hermanos y a mí, que ya tenía las primeras canas, me devolvió algo de juventud. Igual que con los anteriores, traté de moldearlo a ser como yo, al mismo tiempo que Bibis y Raúl me daban por mi lado y hacían lo que querían y Lorena simplemente no me pelaba.

Con Gerardo era diferente, él siempre fue él, nunca se dejó influenciar, aunque algunas veces pretendía. Es muy impaciente, pero a su mamá y a mí nos tiene mucha tolerancia. Podemos hablar de cualquier cosa y sé que va a razonar su respuesta.

Debo incluir la circunstancia que me dio la mayor sacudida que he tenido en mi vida. En una ocasión, Jaime, mi hermano, fue a mi oficina para decirme que Claudia, su hija, le había comentado que Gerry le había enseñado un botecito de cocaína que había comprado en la Isla del Padre.

Me dejó sin habla, no supe qué hacer, consideré hablar con él pero no sabía ni cómo abordarlo, pensé en hablar con el padre Peter, pero no creí que me fuera ayudar, hablé con varias personas conocedoras del tema y todos coincidían que una vez que la probaban era difícil que la dejaran.

Estaba totalmente desorientado y perdido hasta que decidí que la mejor forma de averiguar un poco más era a través de Raúl, mi propio hijo; luego de platicar con él sobre lo que sabía me dijo que hablaría con Gerry. Pasaron dos agónicos días hasta que Raúl me trajo un botecito que decía PURE COCAINE y que sólo contenía un polvo de azúcar que vendían en una de las tantas tiendas para jóvenes en la Isla; no pude contener las lágrimas, además tuve que cumplir varias promesas que hice para que mi hijo no hubiera entrado a un camino sin salida.

Las dos hijas empezaron sus carreras: Bibis en el TEC y Lore en la UDEM, ambas se casaron muy jóvenes y ninguna terminó sus estudios. Raúl estudió un tiempo en Francia, empezó su carrera en Indiana y terminó en Saint Louis, Missouri.

Gerry estudió en el Irlandés, en El Instituto Americano y en Inglaterra, regresó al Tec, se cambió a la UDEM y terminó en Parsons de Nueva York, en donde se quedó a trabajar como siete años con un arquitecto muy prestigiado.

Todos fueron a campos de verano, los tres mayores a Carolina del Norte y Gerry a Canadá, además del reglamentario John Newcomb de New Braunfels, Tx para mejorar su tenis.

Cuando llegó la boda de Bibis, me dio una sacudida sentir el paso del tiempo. La de Lore me afectó en otro sentido, pues se nos iba a vivir fuera, a Mérida. Comprendí a mi papá cuando decía que era duro tener una hija fuera.

El consuelo es que la hemos visto feliz, y eso ha compensado el estar alejados de ella. Además, cuando vinieron a pedirla negocié que todas las Navidades serían en Monterrey, lo cual ha cumplido en sus 20 y tantos años de haberse ido.

El siguiente en casarse fue Raúl, quien se apresuró a no quedarse atrás, igualando a sus hermanas con cuatro hijos cada uno.

Gerry se ha resistido y desde su regreso de New York ha vivido en un departamento frente a nuestra casa, por lo que nos hemos sentido muy acompañados. Al momento de escribir esto acaba de comprar un apartamento que, aunque está muy cerca, nos hará extrañarlo.

Podría escribir cientos de hojas acerca de mis hijos, pero la mayor parte son cosas entre ellos y yo que resumiría en que estoy orgullosísimo de los cuatro, personalidades totalmente diferentes que han sabido salir adelante en una sociedad difícil, a veces hostil, cada uno en su propio *yo* y mi deseo es que sigan así de genuinos, que nunca cambien.

Si con la experiencia que tengo volviera a ser padre de ellos, tal vez sería menos demandante, menos estricto y hubiera depositado en ellos más confianza, especialmente si hubiera sabido que, sin ser como yo, se abrirían su camino en la vida. No los cambio por nada y siempre estaré agradecido con Dios por habérmelos dado.

MI FAMILIA POLITICA

Tenía temor a conocer a mi suegro pues todo el mundo me decía que era muy duro y estricto, la verdad conmigo siempre fue a todo dar, si era estricto con los permisos pero ya después como padre lo entendí, me dolió su larga enfermedad que siempre enfrento como si se fuera a curar en unos días, mi suegra un pan siempre dispuesta a ver por los demás, yo incluido.

Mis cuñados, Nina casi gemela de Chiquis, siempre nos hemos llevado muy bien, hemos viajado con ella y Manolo, una persona a quien admiro, nunca lo he visto de mal humor, siempre con buena cara a pesar de haber pasado por situaciones difíciles, Oscar, al que más traté, me dolió mucho su temprana partida pero nos dejó a Chata y sus hijos, todos lindas personas, Fernando y Roberto magníficos hermanos y buenos cuñados, Nora nuestra chaperona de novios siempre dispuesta a ver que se le ofrece a los demás y Rogelio un buen amigo.

LOS NIETOS: UN PREMIO

Los nietos son el premio a los desvelos y preocupaciones que pasamos con los hijos. La primera, Bibita, en ocasiones me hizo hacer algo impensable: dejar el golf.

Gozaba pasear manejando con ella en mi regazo, en un carro convertible en el que me la llevaba por horas. Aunque en su casa le decían *la chillona*, conmigo o no lloraba o ni cuenta me daba. Jamás le cambié un pañal a mis hijos, pero me estrené con Bibita.

Con los nietos que siguieron fui muy advertido de que no debía hacer diferencias y menos tener preferencias; hoy reconozco la perseverancia de Bibita, la seriedad de Nico, la serenidad de Balbis, la alegría de Lore, la seguridad y franqueza de Ruli, la jovialidad de la deportista Robi, el *easygoing* de Andrés, el entusiasmo de Pato, los ojos y la miel que brota de Sofi, el carácter de Nanis, la dulzura de Valele y la chispa de Fede.

Apenas me estaba reponiendo de lo viejo que me hicieron sentir mis hijos cuando se casaron y luego me hicieron abuelo, y resulta que ahora me enfrento a que tengo nietos adultos que están cursando sus estudios profesionales.

Bibita, la mayor, mis respetos, sin ayuda de nadie logró que la aceptaran en el Florida Tech donde estudió Astrobiotechnology o algo así muy complicado, trabajó un verano en la NASA; luego sin ayuda de nadie, logró una beca para su maestría en Georgia Tech. Nico, Balbis y Lore ya están en el TEC, todos estudiando distintas ingenierías; Ruli y Andrés por entrar a Carrera, Pato y Robi por entrar a prepa, y los demás en camino a lo mismo.

Al escribir ésto Bibita está en Atlanta; Balbis en Sidney y Lore en Melbourne, Aus-tralia y Pato se va a Francia; son ciudadanos del mundo.

No he necesitado hacer distinciones con los nietos que, al igual que mis hijos, son todos diferentes, todos me han hecho feliz, a todos los quiero mucho y espero que algún día recuerden que aprendieron algo bueno de su abuelo.

Al igual que con mis hijos, Dios me ha sonreído al permitir gozar de cada uno de ellos en lo individual y de todos juntos en las esquiadas, en los cruceros, en las Semanas Santas, las Navidades, en fin, si me paso el resto que me queda de vida dando gracias a Dios, no será suficiente para agradecer el haberme permitido tener los abuelos, los padres, la esposa, los hijos y los nietos que me ha concedido.

Con toda sinceridad y sin temor a equivocarme, no quiero irme de este mundo, pero con lo que Dios me ha dado, estoy listo.

LO COTIDIANO DE LA VIDA EN FAMILIA

La vida en familia de nuestro matrimonio es muy parecida a la de todos los regiomontanos de nuestro nivel. Al casarnos vivimos en un departamento de mi suegro por el que pagaba una renta muy barata. Allí nacieron nuestros primeros tres hijos.

Muy chiquita, Bibis se cayó en el depar-tamento y se hizo una cortada que requirió puntadas, aún puedo oír los gritos cuando la detenía para que la cosieran. A la semana y unos días de que naciera Lore, llegué a la casa y se había vuelto a caer, así que otra vez al hospital.

Cuando nació Lore traté de llevar a Bibis a verla, pero desde que nos acercamos al hospital empezó a llorar. En sus cumpleaños les hacíamos las piñatas en una finca que tenía mi papá y que es donde ahora vivimos. Empezaron su educación en el Colegio Montessori, de donde llegué a ser Tesorero.

En 1976 empezamos a construir la casa donde todavía vivimos y la terminamos en 1977, la habitamos solo unos meses antes de irnos a vivir a Londres, en donde tanto los niños como nosotros hicimos muchos amigos que ellos conocieron en el Colegio (Saint Christina's Montessori School y yo casi a todos a través del trabajo, además de algunos vecinos.

Una anécdota de algo que nos sucedió en Londres vale la pena para ilustrar lo válido de esa frase que siempre escuchamos: "que chiquito es el mundo".

En una occasion invitaron a una fiesta de cumpleaños a Lorena, entonces de 5 años de edad. Al llegar a recogerla, la mamá de la festejada nos pidió que pasáramos porque su hija mayor hablaba español, pasamos y nos presentó a la jovencita que la verdad hablaba bastante poco y mal, la felicitamos por su español y le preguntamos dónde lo había aprendido, nos dijo que una amiga de su colegio se lo había enseñado, le preguntamos que de dónde era su amiga y nos dijo que de México, al responderle que nosostros también éramos de México nos dijo, si pero ella no era de México City sino, y sus palabras fueron: "from a remote place up in the north of the country", le comentamos que también éramos del norte y que la ciudad se llamaba Monterrey, que tal vez conocíamos a su amiga, cuando nos dijo el nombre ni ella ni nosotros lo podíamos creer, se trataba de Finilú, mi hermana, en efecto, ¡qué chiquito es el mundo!

Tenía un compañero de trabajo argentino e hicimos muy buena amistad también con su familia.

Somos casi de la misma edad y con hijos también casi de la edad de los nuestros. Esta amistad ha seguido hasta la fecha, ellos nos visitaron en una ocasión y nosotros hemos ido tres veces a verlos a Buenos Aires. La última vez llevamos a los hijos, que tenían casi 30 años sin verse, tuvimos una gran reunión.

Al regresar de Inglaterra las niñas entraron al CECVAC y Raúl al Irlandés, eventualmente, cuando llegó Gerry, también entró al Irlandés.

Como a los 17 años Bibis fue elegida *Reina del Campestre*, y el más orgulloso fue mi papá pues ya tenía una hija y una nieta, reinas del club.

El problema fue que las fechas se complicaron porque Bibis ya estaba matriculada en un colegio en Suiza. Tuvo que cancelar y negocié que aceptaran a Lore en su lugar, que se fue sola, muy chiquita.

Recuerdo que llegó tan cansada que se durmió antes de decirnos que había llegado bien, por lo que llamé al colegio, pero no me pude hacer entender en francés, así que estuvimos muy preocupados hasta que nos llamó al día siguiente.

Sobre mi casa debo decir que es muy diferente a la que construímos en 1977, poco a poco y con mucho esfuerzo le fuimos añadiendo espacios, terrazas una nueva cochera, agrandamos nuestra recámara, pusimos una alberca, en 2005 construimos un anexo donde puse un gimnasio y una pequeña oficina, en el piso de arriba un departamento que es donde ha estado viviendo Gerry desde que regresó de New York y en el sótano una cava para vinos, cada una de estas adiciones ha representado un gozo para nosotros.

Allá por 1986 compramos un apartamento en el Edgewater de la Isla del Padre, yo quería comprar en el Saida, que bueno que escuché a Chiquis, que equivocada nos hubiéramos dado, y allá gozamos con los hijos y más tarde con los nietos. No recuerdo en qué año vendimos ese apartamento y compramos uno en el Regency, que también hemos disfrutado mucho.

En 2012 decidimos comprar una casa en San Antonio. Fuimos a ver muchas y com-pramos una a la que yo no quise ni entrar porque no me gustaba, pero fue la que escogió Chiquis.

Ahora veo que, la verdad, fue muy atinada; he visitado muchas casas en San Antonio y ninguna la cambiaría por la nuestra, Gerry nos ayudó a arreglarla y quedó exactamente como lo que yo había soñado. Allí gozo cada vez que voy, con mucha tranquilidad, nadie me está apresurando. Igual todos nuestros hijos la han podido disfrutar y en ocasiones todos al mismo tiempo, aunque cuando vamos todos, para caber, rentamos una casa cercana.

El gozo de la compra de la casa en San Antonio fue interrumpido por otra sacudida: a Bibis le diagnosticaron cáncer. Estábamos Chiquis y yo supervisando los últimos arreglos a la casa cuando me avisó. En ese momento me sentí muy vulnerable.

Estaba con Alejandro Vega y nos fuimos a su casa, de donde hice muchas llamadas para que la viera un especialista en Houston; quien más nos ayudó fue Memo Torres, ahora director del Zambrano Helion.

El doctor le dio cita a Bibis como un mes después, la acompañamos a todos sus exámenes y pláticas con doctores, cirujanos, etc. Todos nos calmaban, pero nadie nos aseguraba nada. Programaron su operación como para otro mes más, y estuvimos con ella y Pepe su esposo. La operaron un viernes y el sábado que fuimos muy temprano a visitarla, nos encontramos la sala de cuidados intensivos vacía. Preguntamos a una per-sona que hacía limpieza y nos dirigió a donde estaban Bibis y una enfermera esperando a que nos la lleváramos, pues el sábado no había médicos en el Hospital. Nos sorprendió que después de una operación tan invasiva le permitieran salir, bueno, no es que le permitieran, se lo exigían.

Nos fuimos al hotel dentro del mismo hospital y en la noche a duras penas nos acompañó a cenar a un restaurant cercano.

Todo esto hoy se platica muy fácil, pero la verdad, el proceso fue muy angustioso, me situó mucho en aquello de que *no somos nada*. Yo me la pasé rezando y me relajaba relatando a familiares y amigos el progreso en el tratamiento de Bibis.

Gracias a Dios ya pasaron cinco años y hasta ahora todos sus chequeos han salido muy positivos. La angustia no se la deseo a nadie.

MIS TRABAJOS

Nunca Empiezes algo que no puedas terminar
Papá: Raúl Farías Muguerza

Al casarme y tener una familia pospuse durante más de 30 años mi proyecto de ser empresario. No podía prescindir de un ingreso y trabajé para otras personas y empresas hasta que logré independizarme; aunque debo decir que antes de lograrlo de manera definitiva hice algunos intentos por empezar un negocio.

Cuando viví en Londres conocí un lugar que vendía comida congelada llamado *Bijam*, y pensé en emprender algo igual en Monterrey, para lo que invité como socios a Luis Sada, Manuel Mariscal, Eduardo Assad y Ricardo Margáin, todos me apoyaron y abrimos tres sucursales. Desgraciadamente Monterrey no estaba preparado para eso, los congeladores de las casas eran pequeños y el negocio fracasó.

Seguí en Cigarrera, después en Vector, Pulsar y fue hasta el año 2000, a mis 57 años de edad, que decidí emprender mi propio negocio.

Para llegar a esto pasé un largo y muy interesante proceso de trabajo y aprendizaje a través de varios empleos que inicié antes de empezar mi carrera en el Tecnológico de Monterrey.

Mi primer empleo fue en Fabricación de Máquinas (FAMA), del ingeniero Adrián Sada. En una ocasión quise ir a un torneo de golf y para faltar traté de usar el nombre de don Adrián, pero no logré el permiso y renuncié. Finalmente era un trabajo de verano.

Cuando empecé la carrera, mi tío Constantino Padilla Muguerza me dio un trabajo de asistente de contador en Proveedora del Hogar (PH). Realmente odié ese trabajo, pero tenía que ir para poder invitar a mi novia a salir. Estudiaba en la mañana y trabajaba en las tardes.

Al año siguiente fui a hablar con otro tío, Bernardo Elosúa, que me dio un empleo en Ladrillera Monterrey, en donde estuve dos años. Los últimos dos años de mi carrera ya no trabajé, me dediqué a estudiar y a hacer mi tesis. Debo reconocer que la mecanografía de mi tesis la hizo Chiquis, mi novia.

DESPUES DEL TEC: CIGARRERA GRAN BRETAÑA Y BODA

Un año antes de terminar la carrera, en un torneo de golf conocí a Ronald Stockwell, quien me invitó a trabajar en Cigarrera La Moderna, de donde él era directivo. Le interesó mucho que yo hablaba buen inglés, que había aprendido cuando fui a estudiar High School a Estados Unidos, experiencia que me sirvió mucho en mi vida profesional.

Cuando aún me faltaba un año para recibirme, el señor Stockwell me dijo que en cuanto terminara la carrera lo buscara para integrarme a Cigarrera.

Terminé y fui a buscarlo, pero se encontraba de vacaciones en Europa y su asistente me dijo que no había nada para mí. Me puse a buscar trabajo y dos meses después me encontré a Stockwell en el Club Campestre: "¿qué pasó?, ¿por qué no fue a buscarme?" Le platiqué que sí había ido y lo que me había dicho su asistente, entonces me pidió que fuera el lunes a su oficina y me dio el empleo.

Mandó llamar a su asistente, quien sería mi jefe directo, el mismo que me había dicho que ahí no había trabajo para mí y se inició una relación muy tensa con él, ya que no le pareció que me impusieran. Seguí en el área financiera de Cigarrera y esa mala relación nunca mejoró.

Un día me llamaron de Dirección General y me dijeron que me querían enviar a Londres para tomar un curso que daba BAT (British American Tobacco) para personal alrededor del mundo a quien le veían potencial. La invitación la recibí en marzo de 1968, y como ya comenté en el capítulo anterior, pospusimos la boda de mayo a julio, dando tiempo de que regresara de Gran Bretaña.

El curso fue muy interesante y se llevó a cabo en una casa de campo que tenía la empresa, cerca de Londres. Había gente de todas las nacionalidades que lo único que teníamos en común era hablar inglés y que todos trabajábamos para una de las ramas de BAT en el mundo.

Aprendí mucho y conocí a mucha gente con quien más tarde tendría relaciones de trabajo. Al regresar me promovieron de puesto, lo que me permitió casarme más holgadamente, ya que el sueldo original que tenía no era muy bueno.

Nueve años después, en 1977, me comunicaron que sería parte de un experimento y que debía cambiar de residencia a Inglaterra para trabajar en los *headquarters* de British American Tobacco.

El experimento consistía en ser Director de Finanzas para América Latina, puesto que siempre había tenido un inglés. Compartí la propuesta con mi esposa, y aunque lo dudó porque su papá tenía cáncer y no era un buen momento para su familia, finalmente decidió apoyarme y nos fuimos a Londres con los tres hijos que ya teníamos en ese tiempo.

A mis padres no les cayó muy bien la noticia porque acabábamos de construir la que todavía es nuestra casa, al lado de la de ellos, y la rentaríamos a unos desconocidos.

Mi área de influencia era América Latina con excepción de México, ya que no podía ser jefe de mi jefe–: seis países centroamericanos, cuatro de Sudamérica y cuatro del Caribe. Las cigarreras en estos países eran muy consentidas por los gobiernos ya que pagaban muchos impuestos y generaban empleos.

Un día llegué a una cena en Guatemala y me sentaron junto a la esposa del secretario de Hacienda; estuve platicando y después de un rato me dijo: "Míster Farías, que buen español habla usted", le aclaré que, aunque vivía en Londres, era mexicano. Estaba sorprendida ya que les habían dicho que atenderían a un directivo inglés de BAT, no a un mexicano.

Durante esos viajes hubo de todo: aviones cancelados, otros en condiciones precarias, estancias en lugares inhóspitos. En una ocasión viajaría de Trinidad Tobago a Guyana, por lo que me dijo el director que les llamara para preguntarles si se les ofrecía que les lleváramos algo, "es un país comunista y carecen de muchas cosas", me advirtió.

Los llamé y pidieron: "Por favor, *toilet paper*. Es muy escaso por acá"; fue así como llegué a Georgetown cargado de rollos de papel.

El director me recibió en el aeropuerto como a las 6 y media o 7 de la tarde y emprendimos un largo camino de casi una hora entre la selva y la oscuridad. Desconcertado le pregunté: "¿Por qué construyeron el aeropuerto tan lejos?" Me respondió que previendo "crecimiento a futuro".

No veía yo cómo ese país, en esas circunstancias, podría tener "crecimiento a futuro". Sus condiciones eran muy precarias, era un país retrógrada que se había independizado de Gran Bretaña apenas en 1970 y, aunque siguió perteneciendo a la Commonwealth, igual que Canadá y 52 países, sus conflictos y sistema político socialista los mantenían sin mucho avance.

Los inconvenientes para llegar a Guyana habían empezado desde antes de abordar el avión. En el Aeropuerto de Trinidad y Tobago llegué al mostrador de Guyana Airlines, que estaba cerrado. Llegó un moreno con el que documentamos, él mismo nos condujo a la sala de abordar y nos pidió los documentos. Pensé: "nada más falta que él mismo sea el piloto". Y bueno, no era el piloto, pero sí abordó el avión como sobrecargo y al poco tiempo de haber despegado él mismo nos avisó: "vamos a regresar al aeropuerto porque tenemos una puerta abierta". Regresamos, cerraron la puerta y volvimos a elevarnos.

Lo último en ese viaje fue que al llegar a Miami ya de regreso leí en el periódico que el reverendo Jones, líder de una secta que habitaba en Guayana, había asesinado a un senador americano y luego obligó a toda su secta a suicidarse. Eso sucedió mientras yo hacía mi visita a la compañía guayanesa.

En una ocasión, al visitar Nicaragua en la época de los sandinistas, me hospedé en un Camino Real y se escuchaban las balaceras a una cuadra de distancia.

Fui a preguntar por qué no nos trasladaban en un carro blindando y me respondieron tranquilamente "no pasa nada, no pasa nada". Afortunadamente no pasó.

En otra ocasión iba de Sao Paulo a Londres y un brasileño me dijo: "debes de viajar por Varig, es lo mejor del mundo" Yo tenía boleto por British Airways y le dije que no tenía problema si él cambiaba el boleto. Se fue mi vuelo de British y ya íbamos a abordar el de Varig cuando me llamaron para decirme que, por ser el último en adquirir el boleto, no había lugar para mí. Me ofrecieron volar el día siguiente y mientras tanto mandarme a un hotel, aunque mi equipaje ya iba dentro del avión y no podían regresarlo.

Discutí la medida y un hombre de la línea aérea me pidió el pasaporte. Cuando lo vió, lo oí decir: "Messicano di merda". Ante el insulto y sin medir las consecuencias, lo golpeé con mi portafolio, por lo que me llevaron con la policía del aeropuerto y entonces sí me preocupé mucho.

En eso se acercó alguien que había observado todo y me dijo: "soy un directivo de la IATA y si su equipaje ya está dentro del avión, tendrán que subirlo a usted, de acuerdo con las leyes que afectan a las líneas aéreas". Finalmente acordaron darme un lugar, pero en clase turista, exigí el lugar de primera clase que se había pagado, y me lo dieron.

Ya arriba pude decir que el vuelo fue bastante bueno. Estaba muy cansado, por lo que pedí a los sobrecargos que me dejaran dormir. Me preguntaron amablemente si necesitaba algo más y les dije en broma que en mi casa mi esposa me daba siempre un beso de buenas noches. Al poco rato llegaron tres azafatas y recibí mi *good night kiss* en la mejilla.

Durante estos viajes me ocurrió otro de esas grandes coincidencias. Iba yo caminando por el aeropuerto de Panama City y veo a alguien que me parece conocido, lo alcanzo y en efecto era Héctor González "El Filipino", amigo de toda la vida, nos saludamos y nos damos cuenta que casualmente volaríamos juntos a Quito, Ecuador, él de allí para Lima y yo para Río de Janeiro. Nos dió mucho gusto vernos pero casi no tuvimos oportunidad de hablar, en el vuelo no íbamos juntos y al llegar a Quito tratamos de platicar abajo del avión pero pronto nos separaron unos soldados con ametralladoras, no muy amables.

Viajar en aquellos países no era fácil.

Me gustaba mi trabajo. Aprendí mucho en Londres y en tres años regresé como director de Finanzas de Cigarrera. La persona con la que en un principio había tenido mala relación ahora me reportaba a mí.

En esa época, Cigarrera la Moderna gozaba de una gran expansión. Hicimos un proyecto de planeación para una fábrica nueva en San Luis Potosí y me tocó participar en el diseño, en el financiamiento y la compra de maquinaria, para ello viajé a Italia con el ingeniero Carlos Herrera. Para los trámites de financiamiento fui a Estados Unidos a que nos prestaran.

Antes de eso tuve que regresar a Londres a convencer a la empresa del proyecto de expansión, lo que no fue difícil ya que habiendo estado en ese lado de la mesa sabía cómo todo debía plantearse y presentarse. El proceso de expansión siguió adelante.

NEGOCIANDO CON CARLOS SLIM

Por el año de 1972 o 1973, antes de irme a Londres, me habló mi jefe y me dijo: "va a venir una persona de México a ofrecernos un proyecto que no nos interesa. Llévalo a comer y explícale que no está en nuestros planes".

Llegó un señor llamado Carlos Slim, preguntó por mí y me presentó un proyecto referente a su empresa Galas de México, una imprenta muy grande que hacía las etiquetas para los cigarros.

Él había comprado la empresa a una viuda, a muy buen precio, y nos ofrecía cambiar el 100 por ciento de las acciones de Galas por un porcentaje pequeño de las acciones de La Moderna. Lo llevé a comer al Restaurante El Tío y ahí tuvimos una plática muy interesante durante tres horas, pero concluimos en que su ofrecimiento no era adecuado para nosotros.

Con esa misma oferta fue a Tabacalera Mexicana, ellos sí aceptaron su ofrecimiento y se hizo accionista. Posteriormente, el señor José María Basagoiti, nieto del emigrante español que fundó Tabacalera Mexicana, ahora Cigatam, le vendió todo su paquete y el señor Slim, ya mayoritario, se convirtió en nuestro competidor.

Lo volví a tratar para platicar con él sobre los precios del tabaco y siempre se portó muy amable conmigo.

Luego de que regresé de Inglaterra, en 1980, me di cuenta de que con las crisis que hubo al principio de esa década, las acciones de todas las empresas habían bajado y el señor Slim, que debía haber tenido muchas reservas siendo dueño de Tabacalera, empezó a comprar importantes paquetes de La Moderna.

Los ingleses de BAT pensaron que era un peligro que se convirtiera en dueño de las dos compañías cigarreras mexicanas y me encargaron platicar con él.

Nos encontramos y me dijo que no tenía ningún interés en controlar toda la industria del tabaco en México, que estaba comprando acciones porque estaban baratas y por ello estaba seguro de que las vendería caras.

De todos modos, a los ingleses les incomodaba y me encargaron conseguir un comprador para las acciones de Slim, quien después de aclarar su disposición para venderlas me preguntó: "¿Por qué no las compras tú?" Le contesté que yo no tenía dinero y respondió: "No necesitas dinero, las pagas después con el dinero que tienen ustedes en las cajas de Cigarrera".

No entendí muy bien en ese momento lo que me decía, no consideré que fuera posible y le dije que no podía. Seguí buscando compradores para el paquete de acciones de Slim. Hablé con Ignacio Santos, Humberto Lobo y, aunque se hicieron intentos, no se concretó nada.

Un día se publicó en el periódico que Alejandro Garza Lagüera había vendido su paquete de acciones de Cervecería a Javier Garza Sepúlveda, entonces pensé que debía tener recursos para invertir y podría comprar las acciones de Slim.

Francisco Maldonado me conectó con él y él me mandó con su yerno, Alfonso Romo, quien sí se interesó. En este punto, quiero destacar que *Poncho* Romo, además de luego haber sido mi jefe, se convirtió en un gran amigo que me estimuló y me ayudó a lograr el sueño de mi niñez: convertirme en empresario.

Carlos Slim aceptó vender sus acciones en poco más de 30 millones de dólares. Luego de esta noticia, Alfonso Romo, Alejandro Garza Lagüera, Jorge Barrera, Francisco Maldonado y yo hicimos un viaje a Londres para ver si los ingleses aceptaban la oferta de los inversionistas que comprarían las acciones de Slim. Proponían adquirirlas, pagar dividendos y luego pagar las acciones. Sí lo aceptaron, regresamos y se hizo la transacción.

Alfonso Romo representando a su suegro Alejandro Garza Lagüera y a Juan Romero hizo la adquisición. Se nombró a Don Alejandro presidente del Consejo, pero Alfonso Romo fue siempre quien habló y operó por ellos.

En 1990, Carlos Slim adquirió Telmex junto con France Telecom y, al día siguiente que se hizo público, lo llamé para felicitarlo. Me tomó la llamada y esa acción me corroboró que por lo menos conmigo, ha sido una fina persona.

DE CIGARRERA AL VIDRIO, A VECTOR Y PULSAR

Después de la adquisición de las acciones empecé a trabajar para Alfonso Romo y fue un shock. La formalidad de los ingleses frente a la informalidad y dinamismo de Romo significaron un cambio radical en la forma en que había enfrentado mis responsabilidades profesionales, tanto que en dos años decidí retirarme para retomar mis aspiraciones de emprender un negocio.

Le pedí que me indemnizara, aceptó, y le comenté que compraría una empresa que fabricaba vasos de vidrio. Él entró de socio –a todo le entraba– y nos estaba yendo más o menos bien hasta que un aumento al gas, espantoso, afectó a todas las empresas fabricantes de vidrio y así, casi de pronto, nos dejó de ir bien.

En ese tiempo, Alfonso Romo, que contaba con el 35 por ciento de acciones adquiridas originalmente y un 16 por ciento comprado en Bolsa, tuvo una diferencia con los ingleses en el área de administración y entonces me llamó para que lo ayudara en las negociaciones con los británicos.

Las pláticas se prolongaron y en noviembre de 1987 llegamos a un acuerdo en el que Alfonso Romo compraría el 45 por ciento que conservaban los ingleses. Ese acuerdo se pactó en 80 millones de dólares que no tenían ni Alfonso Romo ni Cigarrera, por lo que habría que conseguirlos.

Una empresa especializada en financiamientos llamada Bear Stearns nos ayudó a gestionar los fondos y se hizo la compra. A partir de 1987, Alfonso Romo tuvo el 80 por ciento de las acciones mientras que un 20 por ciento seguían públicas.

En la negociación con Bear Stearns estuve con Heriberto Muza, un compañero de trabajo, y me dijeron que necesitábamos un abogado americano, cuando les dije que no conocía a nadie nos trajeron a un jovencito de nombre Howard Kelberg, yo lo veía tan verde que pensé que no nos serviría para nada, pero la verdad fue un gran abogado que seguimos contratando cada vez que surgía algún asunto en New York; además fue un buen amigo.

Después de eso, Alfonso Romo, Poncho, me pidió que colaborara como director general de Vector Casa de Bolsa. Acepté y la experiencia fue muy enriquecedora ya que la industria financiera cambia en segundos, el reto fue grande. Recuerdo que me di cuenta que en México la competencia era feroz, así que decidimos viajar al extranjero para convencer a los grandes de invertir en México. El resultado fue mixto, hubo de todo. Me acompañaron Arturo Acevedo y Alejandro Violantes a hacer las presen-taciones del mercado mexicano en New York, Londres, Madrid, París y Ginebra.

Todas las pláticas fueron muy concurridas, el entusiasmo que generamos fue moderado. Al terminar la sesión en Londres debíamos volar por la noche a París, para presentar allá la mañana siguiente. Al estar haciendo la presentación nos anunciaron que una huelga de controladores aéreos hizo que todos los vuelos comerciales se cancelaran. Tratamos de trasladarnos en tren, ferry, lo que fuera, pero no había manera de conseguir un solo lugar.

Decidí tratar de rentar un avión privado y lo mejor que conseguimos fue un Queen Air bimotor turbo piloteado por una mujer que nos advirtió que, por no haber controladores, tendríamos que volar muy bajo.

Despegamos como a las 10:00 pm en una noche muy iluminada; recuerdo que al volar sobre el Canal de la Mancha sentía que rodábamos sobre las olas. Aterrizamos en Le Bourget (como Lindbergh) y al día siguiente pudimos hacer nuestra presentación sin contratiempos.

Uno de los viajes más interesante fue a España, al cual fuimos invitados varios banqueros mexicanos por Mario Conde (leer *Asalto al poder*), un joven que con el 1 % de BANESTO controló el banco y lo usaba como su caja personal.

El viaje fue a todo lujo, compró un motel en Marbella y lo renovó a todo lujo solo para recibirnos. De México fuimos Roberto Hernández, Héctor Rangel y yo. También asistió Jesús Silva Herzog como embajador de México. Nos trataron como VIP's desde que aterrizamos, nos recogieron en limosinas, nos dieron de comer y de beber de lo mejor, una noche nos quedamos los mexicanos con Mario Conde hasta las 4:00 am y terminamos bastante tomados pero muy divertidos.

Nos llevaron a jugar golf en un club de primera y luego nos llevaron a Jerez de la Frontera, donde vimos rejonear a Don Álvaro Domeq, quien después de eso anunció que él no mataría al animal, así que si alguien quería torear estaba a nuestra disposición.

Ya con copas, le dije a Chiquis: "ahorita vengo", no consideré que desde arriba el novillo parecía un perro; Chiquis no se dio cuenta a dónde había ido hasta que me vio en el suelo entre las patas del animal que, por cierto, ya abajo y frente a él, parecía un búfalo; confieso que le di algunos pases pero él me dio más golpes, por lo que traje todo mi cuerpo amoratado por más de 10 días.

De allí nos llevaron a la feria mundial de Sevilla, donde además de que nos dieron un tour VIP, hacía un calor horrible; así que al día siguiente nos regresamos a Madrid. Como dato interesante: Mario Conde termi-nó en la cárcel.

El siguiente viaje fue a Asia, invitados por un Fondo, desgraciadamente unas horas después de volar por más de 20 horas, nos invitaron a dar un paseo por la bahía de Hong Kong, a la cual llegamos pero a Chiquis le vinieron unos mareos horribles, por lo que no pudo disfrutar de esa ciudad.

En la noche hubo una recepción y me sentaron en la mesa con Jaime Serra Puche, entonces Secretario de Comercio y Fomento Industrial de México. Me dio gusto que en la mesa también estaba Sandra Fuentes, una saltillense representante del Consulado Mexicano en Hong Kong, a quien conocí en mi niñez en alguno de mis veranos en Saltillo.

De Hong Kong viajamos a Tokio, en donde nos recibieron muy bien los representantes del Fondo. Para ese viaje Chiquis ya se sintió mejor y la pasamos muy bien conociendo y comiendo platillos orientales. En una tienda, Chiquis vio una tela que le encantó y la compró para hacer su vestido para la boda de Bibis, que se avecinaba.

Los viajes resultaron bien y me da mucho orgullo decir que, junto con BANESTO (ya sin Mario Conde), lanzamos en España el primer Fondo de acciones mexicanas que se cotizaba en el extranjero.

Estuve en Vector aproximadamente cuatro años, y me integré como director de Finanzas de Pulsar, la controladora de las distintas empresas que tenía Alfonso Romo. Ahí pasé épocas muy dinámicas participando en la compra de Empaques Ponderosa y muchas empresas más.

Lo más pesado fue negociar casi de emergencia un préstamo denominado *floating rate note* (bono con interés variable) por 600 millones de dólares, desde los años 80 no se hacía un préstamo de esta magnitud a una empresa mexicana.

Realmente fue un esfuerzo sobrehumano, viví casi un año en New York regresando algunos fines de semana a pasarla con la familia. De enorme ayuda me fueron tanto Heriberto Muzza y Ricardo Doehner, quienes además de ser compañeros de trabajo, hicimos una gran amistad. Nos ayudaron mucho Susana de la Puente y Roberto Mendoza, de JP Morgan, Ramiro Hernández y Javier González Parás de FONLYSER. Finalmente logramos salir al mercado.

Un proyecto que vale la pena recordar fue el de los submarinos personales. Resulta que el padre Marcial Maciel, de los Legionarios de Cristo, convenció a *Poncho* Romo de apoyar a Borja Oriol, único hermano no legionario de una acomodada familia española que tenía una fábrica de submarinos para dos o cuatro personas que ya no tenía capital para seguir.

Viajé a España con Jay Keyworth, quien dirigió Star Wars para el presidente Reagan para analizar el proyecto, el cual era muy intersante pero poco viable.

En Madrid nos encontramos a Eugenio Clariond a quien invitamos a cenar y después de unas copas tuvo una discusión tremenda con Jay sobre asuntos políticos, a grado tal que tuve que intervenir para que no llegara a más. El proyecto nunca se llevó a cabo.

CIGARRERA REGRESA A BAT

En 1997, Alfonso decidió vender La Cigarrera, para entonces habían cambiado las leyes y ya se permitía a extranjeros tener el 100 por ciento del capital. Las negociaciones fueron largas, en su gran mayoría las llevamos Eugenio Nájera y yo, junto con abogados mexicanos, americanos e ingleses.

Con todo negociado quedó solo para Alfonso Romo y Martin Broughton, el Chairman de BAT, concretar el precio final. Yo estaba en Monterrey y me llamó Eugenio: "Raúl vente a Nueva York porque ya estamos en las últimas, Poncho va a tener una junta con el Chairman de BAT y no vaya a ser que requiera información. Llegué a Nueva York a media mañana y me dirigí al hotel donde se llevaban a cabo las pláticas, fuí al suite donde estaban Eugenio y Adrián y al rato entró Poncho para decirnos que había llegado a un acuerdo con el Chairman de BAT y que en un rato se firmaría una carta de entendimiento para que luego nosotros trabajáramos en los detalles.

Esa noche celebramos, al día siguiente Poncho se fué a Europa a ver sus caballos y nosotros nos regresamos a Monterrey a trabajar en la desincorporación de Cigarrera y en los detalles de la venta a BAT que duraron más de un mes por la cantidad de pormenores legales, financieros y de otra índole.

En los siguientes años como Director de Finanzas de Pulsar hubo de todo, mucha actividad, pero sentía que el tiempo se me acababa y nunca lograría ser independiente, así que en 1999 le comuniqué a *Poncho* Romo mi deseo de salir de la empresa, me pidió que me esperara un año y lo acepté si me dejaba negociar un financiamiento para reemplazar otro que nunca me gustó.

Logré el financiamiento, se cumplió el plazo y antes de que *Poncho* partiera a las olimpíadas de Sidney, Australia, me despedí de él y de la empresa.

LA ETAPA INDEPENDIENTE

Como empecé este relato, concluyo que finalmente, en el año 2000, a mis 57 años, logré empezar a trabajar por mi cuenta. Desde entonces me he dedicado a comprar, construir y administrar Bienes Raíces que forman parte del patrimonio familiar.

No me arrepiento, el ser independiente me ha dado oportunidad de disfrutar más tiempo para mi familia, mis amigos, mis viajes y especialmente me ha dado tiempo para mí mismo.

MIS AMIGOS

Yo solo quiero mirar los campos
Yo solo quiero cantar mi canto
Pero no quiero cantar solito
Yo quiero un coro de pajaritos
Quiero llevar este canto amigo
A quien le pudiera necesitar
Yo quiero tener un millón de amigos
Y así más fuerte poder cantar
ROBERTO CARLOS.

Tengo claro que se llega a la amistad por pura magia del destino; luego, en el transcurso del tiempo, esa amistad que el universo nos ha regalado a diario, como a una bella planta, debemos regarla y cuidarla.

La amistad no es gratuita por parte de nadie; es algo recíproco que, desde distintas trincheras, se debe de mimar, disfrutar, gozar, cuidar, admirar, mantener y, como diría el cantante Facundo Cabral, lograr tener menos para tenernos más.

La verdad es que me considero una persona amiguera, entablo conversación con mi compañero de clase, de trabajo, con el de la mesa de al lado en un restaurante y hasta con quien se sienta al lado mío en el avión o en la fila para comprar lo que sea.

Me siento muy afortunado de poder afirmar que tengo muchos amigos. Los primeros fueron mis primos Hemán González Farías, Marcelino Garza Arizpe, Bobby y Bernie Coindreau y, aunque era más chico que él, Enrique *Churro* Farías, a quien admiraba mucho.

Antes de entrar al colegio creo que mi primer amigo fue Eugenio Clariond; mamá y la tía Ninfa fueron amigas desde el Sagrado Corazón y como nosotros éramos de la misma edad nos juntaban a jugar.

Luego, en el Country, conocí a Alejandro Vega y empezamos una amistad que incluiría jugar juntos basketball para el Cole-gio Franco, irnos al mismo tiempo a E.U y ahora jugar golf y viajar.

En el Colegio seguí haciendo amigos; me sería difícil nombrar a todos, pero voy a mencionar a los primeros que recuerdo: Guillermo González *El Peli* y Héctor Elizondo Chapa *Chapita*.

De la colonia, con quien jugaba algunos deportes, eran los hermanos González Garza, Quique, Kalo, Hernán y Checo, Jorge Salinas y algunos a quienes les perdí la pista. En el Colegio Franco conocí a Germán Cueva, el *Zurdo* García, Lito Zablah y otros más de la colonia Mirador.

Entre el colegio y la calle Degollado conocí a *Panchito* González, no sé si sea uno o dos años menor que yo, pero nos caíamos muy bien y nos juntábamos, por lo general, para hacer travesuras tales como volarle el carro a un hermano de mi mamá para ir a dar la vuelta sin que nos pescaran. A la fecha, *Panchito* es una persona a quien admiro mucho y con quien llevo una muy sincera amistad.

De la Chepe Vera aún veo a Héctor Elizondo Chapa, *Moncho* Cárdenas, Alberto Escamilla, Roberto *El Gordo* Martínez, Pepe Carlos Martínez (QEPD), *Quelo* Elizondo y sus hermanos, Chuy Maldonado, José Luis Lozano, Carlos *El Prieto* Muñoz y algunos más que por ahora se me escapan.

En esos años y con este grupo de amigos y algunos otros como Eugenio Clariond, Ricardo González, Javier Castaño y otros que se me escapan, se formó el club FUCAPE (Futbol, Caza y Pesca) del cual fuí miembro muy activo.

Realmente gozé mucho, nos juntabamos casi semanalmente en casa de Moncho Cárdenas, organizábamos juegos de Futbol, Basket y Baseball, además de pescas y cacerías. Yo solo fuí a una de esas pescas que resultó un poco trágica pues enmedio de la presa Falcón nos pescó una tormenta y tuvimos que refugiarnos en una pequeña isla donde pasamos toda la noche con un frío horrible. Ya en la mañana que se calmó regresamos al campamento y nos enteramos que una persona había fallecido ahogado en la tormenta dejando un niño muy pequeño que allí se encontraba totalmente desorientado sin saber que había pasado.

Aunque conservo la amistad, después de casarme dejé de frecuentar a este grupo, me sorprende y a la vez me da gusto saber que se siguen juntando después de 50 años, los felicito.

Una muy especial amistad que me ayudó mucho en tiempos en los que más necesitaba fue con Pepe Maldonado (QEPD), él se casó con una amiga de mi infancia, Lolyna, y al tiempo nos hicimos compadres de ida y vuelta; su partida me dolió muchísimo, pero tengo la certeza de que gracias a ese corazón tan grande que compartió con tanta generosidad goza su recompensa en el cielo.

Mis amigos del Obispado son Rodrigo Zambrano, José Sada, *Tití* González, *Güicho* Sada, Mauricio González, Beto de Silva, David *La Davacha* González, Billy González, a quien le decíamos *el primo* de Güicho y le encantaban los mariachis, e igual, otros que se me escapan.

En alguna kermess del Regio conocí a Héctor González, *El Filipino*, con quien hice una eterna amistad. De aquellos tiempos recuerdo que lo iba a dejar a su casa a las 11:00 pm, me pedía que apagara el carro y nos daban las tres de la mañana platicando (más él que yo); también anduvimos mucho en su moto Lambretta, en los bailes, luego con las novias y, luego, ya como hombres casados, nuestras esposas, María Esther y Chiquis también hicieron una gran amistad.

Del Valle, José Charro Barragán, José *Gordo* Canales, Jorge Hopi Martínez, Jaime Lobeira y Nacho Santos. Y en algún lugar del Casino, el golfito Mode, La plaza de La Purísima o de no sé dónde, conocí al *Güero* Marco Antonio, Chale Erhard, Quico López y Miguel Hinojosa.

Como es natural, empezamos a salir con amigas, a hacer grupos; también salíamos mucho con José Sada, Rodrigo Zambrano y con Hernán Martínez, a quien ya conocía por ser hermano de Hopi, y luego, en el Obispado, salíamos mucho con él y Mágala, otra amiga de la infancia.

Recién casados tuvimos un grupo que incluiría a Hernán y Mágala, Rodrigo Zambrano y Rosy, José Sada y Lupe, Chuy Salas y Tey, Jorge y Alejandro Vega con Margarita y Yola, Güicho Sada y Cristy, Jorge del Bosque y la Yoyis, Héctor y Ma. Esther antes de que se mudaran a vivir fuera.

Solíamos ir al cine y nos juntábamos cada viernes en la noche a cenar en las diferentes casas. Hicimos varios viajes a la Isla del Padre cuando nuestros hijos eran pequeños.

También por esta época formamos un grupo que nos juntábamos a correr en carritos de roles bajando por El Rosario, recuerdo a Eugenio y Alejandra, Guicho y Cristina, Billy y Lydia, Jorge y la Yoyis y creo que Chuy y Chela. A mí me hicieron un carrito casi profesional en los talleres de carpintería y de mecánica de Cigarrera y corría a todo dar.

Tras mi regreso de Inglaterra, este grupo había dejado de ser y empezamos a juntarnos mucho con Hernán y Mágala, José y Lupe, Héctor y Ma. Esther, Billy y Lydia. Más adelante Pepe Maldonado y Lolyna y Polo y Quirris.

El *otro* grupo con quien salíamos ocasionalmente eran Eugenio Clariond y Alejandra, Güicho Sada y Cristina, Carlos Muñoz y Carmen, Pepe y Alicia, Chuy García y Chela; con ellos fuimos algunas veces a esquiar con los niños.

De mis grupos de golf, Hernán Martínez, Carlos Elizondo, Tito Assad y Ricardo Margáin jugamos golf por unos 15 años y nos reunimos con las señoras una vez al año durante Navidad.

El grupo de golf más reciente empezó con Hernán Martínez, José Sada, Mauro Garza, Lito Zablah y Memo de Hoyos, luego se nos unió Guillermo Madero. Este grupo, como ya lo menciono en otro capítulo, ha ido cambiando, Mauro, José y Lito fallecieron; Memo dejó el golf y ahora nos reunimos Hernán, Alejandro Vega, Güicho Sada, Guillermo Madero, Eduardo Assad y Pancho Maldonado, con ellos, como lo menciono en el capítulo de viajes, he socializado mucho más allá del golf.

Finalmente, los amigos de San Antonio en donde incluyo a José Sada y Lupe, Guicho y Cristina, Cano y Yola, Billy y Lydia, Mauro y Licha, Pancho y Chela, Enrique Gómez Junco y Tere, Juan Regino y Cruchi, Manuel Madero y Tere, Fernando *La Bachana* Garza y Thelma; de este grupo han fallecido algunos. nos vamos haciendo menos.

LOS COMPADRES

Hernán Martínez y Mágala, José Sada y Lupe, Guicho Sada y Cristina, Héctor González y Ma Esther, Billy González y Lydia, Alejandro Vega y Yola, Jorge y Márgara son compadres nuestros por haber sido padrinos de nuestros hijos.

No quiero hacer a nadie más ni menos pero, en lo particular, quiero enfatizar sobre algunos amigos.

Hernán Martínez y Mágala, muy queridos compadres y amigos, con quien puede uno tener la certeza de contar con ellos porque siempre estarán allí para dar lo mejor de sí mismos; los viajes que hemos compartido han sido una delicia; en el de África no pudimos haber tenido mejores compañeros; nos frecuentamos muchísimo, jugamos golf juntos y les agradecemos esa hermosa amistad. Sin duda, Hernán y Mágala son esos amigos que todos quisiéramos siempre tener.

Antes de seguir, no puedo dejar de contar una anécdota con mi compadre Hernán. Estábamos recién casados, vivíamos a unos cuadras uno del otro y salimos a cenar un sábado dejando bebé en casa. Al regresar nos dejaron en la casa donde encontramos a Bibis con algún malestar, las farmacias estaban cerradas y Chiquis me dijo: "seguro que la previsora de la comadre Mágala debe tener medicina en su casa", entonces les llamamos pero no contestaron; decidí ir a su casa seguro de que aún no se habían dormido, toqué el timbre y ¡cuál no sería mi sorpresa que en unos minutos salió el compadre Hernán con una pistola más grande que la de Clint Eastwood!, bueno hasta se me olvidó a qué iba.

Con mi compadre José Sada tuve una profunda amistad, nos platicábamos todo, nos veíamos con frecuencia con las señoras, nos invitaban a San Antonio, y me dolió mucho su enfermedad, al grado que después de visitarlo me daban *downs* que me duraban semanas. Dios lo tenga consigo.

De Billy y Lydia nos sorprendió que no se fueron al *otro* grupo porque Billy es primo de Güicho y Lydia amiga de colegio de las mujeres. Sin embargo, salimos ganando porque ambos han sido de los mejores amigos; tenemos hijos de edades similares y nuestra amistad en pareja data de, por lo menos, los últimos 50 años, tiempo que ha sido muy valioso tanto para Chiquis como para mí. Bibis, mi hija, no podía sobreponerse al accidente de Babi y eso nos acercó más a ellos.

Con Héctor y Ma. Esther, durante varios años de noviazgo, pasábamos juntos el fin de año, bailes de carnaval, cumpleaños, etc. En casa de Ma. Esther fue donde le dí el anillo de compromiso a Chiquis. Ellos, luego de algunos años se fueron a vivir a la Ciudad de México; los extrañamos mucho y los visitamos un par de veces. Para nosotros fue un gran honor que aceptaran ser padrinos de bautizo de nuestra hija Lorena, ya que en aquel tiempo se acostumbraba invitar a los abuelos o tíos, apreciamos y, sobre todo, agradecemos mucho su amistad.

Alejandro Vega, mi amigo por más de 65 años, recurrí a el para que me aconsejara cuando me quise independizar. Con él y Yola, su esposa, hemos hecho viajes y Salimos juntos con frecuencia; recuerdo en especial dos viajes a Francia en donde la pasamos de maravilla. Son de esas amistades que considero sinceros y me da gusto asegurar que, en ellos, tengo unos buenos amigos.

Otra razón para agradecerle a Dios es que a pesar de haberme mandado algunas sacudidas, hasta hoy no me ha dejado pasar el trago amargo de perder alguno de mis hijos o nietos. No ha sido así con mis compadres, admiro tremendamente a Hernán y a Mágala por la resignación y fuerza que han mostrado con el llamado temprano que Nuestro Señor hizo de sus 2 hijos Hernancito y Guicho. La tragedia de Alejandro y Yola con el accidente de Dinguis, que difícil, ya casi una mujer lista para enfrentarse a la vida, decide Dios que la quiere con él. Por haber trabajado conmigo tuve la suerte de platicar mucho con ella, de mis hijos, de ella, de sus planes de vida, por esta razón me afecto particularmente que nos haya dejado.

No tengo duda de que Hernancito, Guicho y Dinguis están en el cielo gozando de Dios Nuestro Señor, esperando que algún día se reúnan con todos sus seres queridos.

Billy y Lydia han tenido sus pruebas, el accidente de Baby lo viví no solo por ser hija de personas a quien quiero sino por lo mucho que afectó a Bibis mi hija que era inseparable de Baby, nuevamente los admiro mucho por la forma en la que han cargado su cruz. María José debe haber sido un shock el saberlo y toda una labor de paciencia el volver a ser padres a la vez que abuelos, pero para mí con todo y eso lo considero una bendición.

Guicho Sada, a veces diferimos en nuestra forma de ver las cosas pero comprartimos muchas similitudes en nuestras vidas; trabajamos por necesidad antes de terminar los estudios, trabajamos para empresas trasnacionales, ambos llegamos a lo más alto en esa etapa de nuestras vidas, logramos independizarnos y cumplir ideales que compartimos, en especial, disfrutar de nuestros logros. Somos socios en negocios y nos invitaron a su casa de San Antonio cuando compramos la nuestra.

Una conversación con Cris siempre es interesante, antes me cuidaba de lo que decía porque no sabía qué iba a contestar, ahora me cuido de lo que digo porque estoy completamente seguro de lo que me va a contestar; hemos hecho muchos viajes juntos y no solo nos hemos entendido de maravilla sino que hemos gozado mucho de la compañía; una de nuestras experiencias más memorables fue una noche en Acapulco que Cris no me dejó probar su postre la explicación de este detalle será en el capítulo de viajes.

No puedo dejar de mencionar a Poncho Romo que además de haber sido mi jefe lo considero un gran amigo; además de que me estimuló y me ayudó a lograr convertirme en empresario.

Otra persona que merece mención especial es Juanita Piña, que por más de 35 años ha sido mi secretaria, mi asistente mi consejera y mi amiga.

AÑORANDO

Me causó una gran satisfacción que en el 2016 logré organizar una reunión de todos mis amigos con sus hijos, hijos políticos y nietos, desde el punto de vista de conviavilidad para mí resultó todo un éxito.

Este libro que ahora leen es mío, pero en este capítulo sé que estoy hablando por Chiquis y por mí, Hernán y Mágala, Billy y Lydia, Héctor y Ma. Esther, Alejandro y Yola, Guicho y Cris, Loylina y Lupe, los queremos mucho, tengan la seguridad de que nuestra gratitud para con ustedes la llevaremos con nosotros hasta el día en que el Señor me llame.

PERSONAJES

CARLOS SLIM

Ya hablé de mi relación con el que algún día llegaría a ser el hombre más rico del mundo, Carlos Slim.

MARTIN BROUGHTON

Trabajando en Londres me reportaba un jovencito de nombre Martin Broughton, era muy agradable; a él y a su esposa Joseline los invitamos a casa varias veces e hicimos una buena amistad.

Después supe que lo habían enviado a Brasil para reemplazar a alguien de emergencia y de allí empezó a subir en la organización, fue Director de Finanzas en Brasil, la compañía más grande de BAT, de allí participó en la compra de una compañía de seguros inglesa de la que fue luego director; de alli pasó a Director de Finanzas y finalmente *Chairman* de BAT, precisamente fue el *Chairman* con quien Alfonso Romo negoció la venta de Cigarrera La Moderna años después.

Martin dejó de ser Chairman de BAT para dirigir British Airways, la reina lo hizo *Sir* y, aunque hemos perdido contacto, es un personaje y un buen amigo.

RONALD REAGAN

En 1992, cuando aún dirigía Vector, Alfonso Romo fue invitado por el grupo de jóvenes universitarios, "Gente nueva", que tenía que ver con los Legionarios de Cristo, a una plática con Ronald Reagan. Él no pudo asistir y me envió a mí.

Las fechas del viaje me resultaban inconvenientes, ya que coincidía con el 50 aniversario de bodas de mis padres. Obviamente yo quería estar presente en la celebración, pero el viaje me haría llegar tarde, o no asistir, lo que me daba mucha lástima.

Llegué a Los Ángeles a un hotel muy bonito, de ahí me trasladaron al rancho de Ronald Reagan, presidente de Estados Unidos de 1981 a 1989 y gobernador de California de 1967 a 1975. Di la plática a estudiantes mexicanos, americanos y canadienses. Después habló el presidente Reagan y nos invitaron a cenar.

Además de los jóvenes éramos solo cuatro adultos: Carlos Autrey, que también patro-cinaba "Gente Nueva"; John Dimitri Negroponte, embajador de EU en México de 1989 a 1993, el presidente Reagan y yo.

Durante la cena, el Presidente Reagan nos contó que en 1988, durante sus pláticas con Mijaíl Gorbachov Premier de la Unión Soviética de 1988 a 1991– le advirtió que la *guerra fría* podría convertirse en una guerra real, por lo que salió muy desanimado de las conversaciones.

Después tuvieron otra plática, en Suiza, en la que el líder soviético le dijo "usted debe ayudarme". A su regreso a los Estados Unidos, Reagan se reunió con su Gabinete para analizar el contenido de las conversaciones y la respuesta fue: "No debemos confiar en él".

Reagan y Gorvachov quedaron de verse una vez más en Moscú, pero antes de realizar ese viaje, el presidente estadounidense hizo dos escalas: una en Inglaterra con Margaret Thatcher, quien lo animó y le dijo que al final saldrían ganando gracias a la fortaleza de Estados Unidos y el apoyo de Inglaterra. Eso le dio muchos ánimos.

La segunda escala fue en Roma, con Juan Pablo II, a quien encontró desanimado porque a la misa en la plaza principal de Varsovia solo habían asistido 5 mil personas. El presidente no supo qué decirle al respecto, pero uno de los secretarios presentes le comentó: "Dígale a su santidad que nos vuelva a recibir hoy en la tarde porque vamos a darle una información importante".

Desde la embajada de Estados Unidos en Roma pidieron las fotografías tomadas por satélite en las cuales se observaba que, aunque solo asistieron 5 mil personas a la misa, alrededor de la plaza estaban colocados soldados que impedían la entrada a millones de personas que deseaban asistir. El Papa se alentó y le dijo a Reagan: "Ya ganamos, el comunismo está derrotado, le irá bien en la reunión con Gorbachov".

Después de una junta áspera en Moscú, el jefe del estado soviético pidió una reunion a solas con Reagan, y aunque sus secretarios le aconsejaron no tenerla de esa forma, el presidente americano siguió su intuición y asistió. Eran los años de la guerra fría y las relaciones soviéticas y americanas eran muy tensas.

Gorbachov le dijo en muy mal inglés: "Señor Reagan, esta guerra fría el único que la puede terminar es usted". Reagan preguntó: "¿cómo?" y el soviético respondió: "usted sabrá cómo".

El presidente americano voló a Berlín, donde dio una plática ante miles de alemanes reunidos junto al muro. Iba a leer un discurso escrito que le pareció muy oficial, pero en ese momento, nos comentó Reagan, "volteé al cielo, sentí que Dios me inspiró, hice a un lado el discurso preparado y de allí salió la famosa frase: *señor Gorbachov, destruya usted este muro*".

Un año después, el 10 de noviembre de 1989, el muro fue derribado y la Unión Soviética disuelta en 1991. Reagan se sentía muy orgulloso y hacía partícipe del triunfo tanto a Margaret Thatcher como a Juan Pablo II.

Fue algo muy emotivo escucharlo, los últimos diez minutos de su charla no dejé de tener un nudo en la garganta. En ese momento sus asistentes le dijeron que ya debía retirarse; fue ahí cuando, al despedirme le dije "mañana mis padres celebran su 50 aniversario de bodas y no podré asistir, pero valió la pena porque su plática fue algo que me dejará marcado para toda la vida y me alegro de haber venido".

Me dio la mano y se despidió.

Un rato más tarde, y a punto de subir al carro que me habría llevado de allí, se me acercaron dos personas que, obviamente, se veía que eran servicio secreto, y me infor-maron que me trasladarían desde Los Ángeles a Houston, en donde un vuelo comercial me llevaría a las 7 de la mañana a Monterrey.

Viajé a las 12 de la noche de California a Texas en un avión privado —nunca supe de quién era— y llegué a tiempo a la misa de celebración del aniversario de mis padres en la Catedral, a las 9 de la mañana. Fue una agradable sorpresa para ellos, porque pensa-ban que no los acompañaría, pero fue aún más satisfactorio para mí.

HENRY KISSINGER

Los personajes invitados a las conferencias de Vector siempre fueron interesantes e inolvidables. Alfonso Romo trajo una vez a Monterrey, para dar una conferencia, a Henry Kissinger, un personaje histórico que fue Secretario de Estado durante el gobierno de Richard Nixon, de 1973 a 1977.

Adrián Páez y yo nos fuimos a Acapulco en avión privado, en donde se encontraba, y viajamos solos con él de regreso a Monterrey. No fue tan interesante como la plática con Reagan, pero sí fue toda una experiencia conocerlo y conversar con él.

EL REY MOBUTU

Cómo olvidar el viaje a Zaire, antes Congo Belga y hoy República Democrática del Congo. Yo aún estaba al frente de Vector y Poncho Romo, a través de sus contactos, se enteró que el Rey Mobutu, de Zaire, quería invertir fuera de su país, pero no en Suiza.

No sé cómo Poncho Romo consiguió una cita con él y allá vamos. Íbamos Poncho, Adrián Paéz, Mario Rodríguez —porque supuestamente hablaba francés—, el contacto europeo de Poncho y yo.

Viajamos en avión comercial a Amsterdam donde rentamos un avión privado que nos llevó a Zaire. La primera impresión fue bajar a cargar combustible en Argelia, donde no había aeropuerto sino una pista en medio del desierto, al lado de la cual se veían aviones destrozados de la Segunda Guerra.

Al bajar en una cabaña horrible nos hicieron pasar por migración; ahí tuve un problema porque en la dirección puse Gómez Morín 2400 y en el pasaporte decía Carretera Chipinque 2400, que era el antiguo nombre de esa avenida, solo hablaban francés y la única forma de arreglar el problema fue con un billete, pues me dio miedo que me quisieran dejar en medio del desierto.

Llegamos a Zaire, fuimos muy bien recibidos y también nos avisaron que el Rey nos vería a las 6:00 am. No dieron una casa para cada dos personas. A Adrián Páez y a mí nos tocó juntos, la casa era enorme, tenía como cinco recámaras, sala muy grande, muchos televisores, etc.

A las 5:30 am pasaron por nosotros, nos llevaron a un barco anclado en el Río Congo, desayunamos en un lugar donde había muchas personas y otra vez muchos televisores trasmitiendo imágenes del Rey, que por entonces era un dictador payaso que como banda presidencial traía una piel de leopardo.

Al rato nos dijeron que no nos podría ver ese día pero nos invitaba a su coto de caza por dos días y regresáramos. Estaba a dos horas en avión, así que fuimos en dos aviones, el que traíamos nosotros y otro igual que era del gobierno y en el cual viajaba el primer ministro.

Nuestra preocupación fue que nuestro plan original era regresar al día siguiente de ver al Rey y no había forma de comunicarse a México. El viaje al coto de caza fue toda una experiencia, dos horas de avión y unas cuatro horas en jeep a través de la selva, yo pedí pararnos para ir al baño pero me advirtieron que no lo hiciera porque podría haber animales salvajes.

Finalmente llegamos, nos dieron una buena cena y nos llevaron a unas cabañas cerradas con llave por fuera. En la mañana nos abrieron y nos llevaron a un safari fotográfico maravilloso, vimos todas las especies, luego comimos junto a un lago unos pescados deliciosos y regresamos a Kenshasa, la capital.

Al día siguiente Poncho tuvo la entrevista con el Rey, no se discutió nada importante pero al salir lo entrevistaron unos reporteros y habló algo de democracia. Nos fuimos al aeropuerto y ya carreteando el avión nos avisaron de la torre que abortáramos el despegue, el piloto detuvo el avión y vimos que se acercaba la limosina del primer ministro.

Resultó que alguien había abierto los tanques de combustible y este se salía, los pilotos checaron, consideraron que llegábamos bien a Argelia a recargar y partimos. Recuerdo que como a las 2:00 am pasamos por París y vimos la Torre Eiffel, me dije, bienvenido a la civilización. Poco tiempo después hubo una revolución y el Rey fue derrocado.

GERALD FORD

En 1994, Poncho Romo invitó al expresidente norteamericano Gerald Ford a una conferencia, después del evento, en *petit comité* comimos unas cinco personas con él.

Acababa de suceder la declaración de guerra que hizo el Ejército Zapatista, que dirigía el subcomandante Marcos, en Chiapas. Ford nos dijo que el presidente Salinas de Gortari se había equivocado, que en esos casos no se negociaba, que el hecho estaba fuera de la Ley y se le debían aclarar las reglas del juego. Si no las acataba, el único remedio era matarlo. Nadie lo contradijo, pero todos pensamos: "estos gringos no se andan por las ramas".

ROBERTO MENDOZA

Otro personaje con quien incluso hice una buena amistad fue Roberto Mendoza, un cubano que fue *Chairman* de JP Morgan, en lo profesional me ayudó mucho a conseguir créditos en condiciones muy difíciles.

En lo personal era muy extravagante. Una noche nos invitó a cenar a su casa y nos recibieron dos güeras platino monumentales y elegantísimas que nos condujeron a sentarnos en la sala, al lado de dos perros gigantes.

Así transcurrió toda la velada: las güeras y los perros nunca nos dejaron, permanecieron todo el tiempo como estatuas hasta que Eugenio Nájera se paró al baño y cuando regresó estaba uno de los perros sentado en su silla, en ese momento decidimos despedirnos.

ARNOLD PALMER

Por pura suerte, en un evento en que Cigarrera era uno de los patrocinadores, me tocó jugar golf con Arnold Palmer, durante los 18 hoyos nunca dejó de portarse como un caballero, nos daba consejos, nos hacía observaciones sobre nuestro golf y, sobre todo, nunca dejó de contestar cualquier cantidad de tonterías que le preguntábamos, no por nada le llamaban: *The King*.

HUGH MCCOLL

También conocí a Hugh McColl, otro banquero *Chairman* del pequeño North Carolina National Bank, que traté cuando empezaba su carrera. Lo conocí muy joven, principios de los 80, cuando fui a Charlotte, Carolina del Norte, a firmar un crédito para adquirir maquinaria para Cigarrera.

Años más tarde lo vi en Nueva York, lo reconocí, me recordó y me invitó a cenar, en esa época inició una serie de fusiones entre bancos, primero en su estado y luego en otros, hasta formar el Nations Bank, un banco tan grande que cuando Bank of America tuvo problemas, lo absorbió, formando el segundo banco más grande de Estados Unidos. Me dio mucho gusto cuando se completó la fusión y lo nombraron *Chairman*, por lo que le llamé para felicitarlo y me tomó la llamada acordándose de mí.

LUIS M. FARIAS

Muchos años atrás, en una de las primeras ocasiones que fui a la Ciudad de México, mi papá me llevó a conocer a un primo muy querido de el, Luis Marcelino Farías, en ese entonces era locutor creo que en la W de México y se lanzaba para diputado, lo que logró no solo una vez, sino varias.

También fue senador y cuando Eduardo Elizondo renunció a la gubernatura de Nuevo León, Luis M. Farías fue nombrado gobernador sustituto de junio de 1971 a octubre de 1973. En 1985 fue electo alcalde de Monterrey.

Cuando me casé, en 1968, fue mi pa-drino, pero cuando lo llegué a conocer mejor realmente me apantalló. Era una de las personas más cultas que he conocido, sabía de todo y, además, tenía un cariño muy especial por México. Lo admiré mucho.

ERNESTO ZEDILLO

Ya habiendo salido de Grupo Pulsar, vino el expresidente Ernesto Zedillo a dar una conferencia, antes de la conferencia me tocó estar solo con él una media hora; el mejor Presidente de México, por lo menos durante mi vida.

ALFONSO ROMO

No estaría completo este recuento de personajes sin hablar de Poncho Romo, una persona que marcó un cambio muy radical en mi vida. Si yo nací con el deseo de algún día ser empresario, Poncho me convenció de que no solo debía ser un deseo sino una obligación. Con Poncho hubo de todo, es un personaje multifacético con un gran corazón que le entra a todo.

Poncho ha destacado no solo como empresario sino civicamente habiendo sido impulsor del cambio que llevó al triunfo del Presidente Fox para acabar con 70 años de poder del PRI y ahora apegado a sus convicciones trata de cambiar a México a través de su ayuda a López Obrador.

FRANCISCO GONZALEZ SANCHEZ

Panchito para todos los amigos, ni siquiera tengo que hablar de el pues todos conocemos su trayectoria, no tengo ninguna duda de que debo incluirlo entre los personajes que he conocido y que ha alcanzado grandes logros en su vida, convirtiendose en una persona importante no solo a nivel nacional sino también en el ámbito internacional a través de sus incursiones, en EU, Centroámerica y España.

ALBERTO SANTOS DE HOYOS

Un honor haber conocido el lado humanitario de Beto Santos al cooperar con el en el proyecto "La Gran Familia".

WINSTON CHURCHIL

Un personaje que no tuve el gusto de conocer, pero que me hubiera gustado mucho poderlo hacer, fue Winston Churchill, primer ministro de Gran Bretaña en épocas cruciales durante la Segunda Guerra Mundial y antes.

He leído todos sus libros y varias biografías sobre su vida; en diversas ocasiones visité Chartwell, en Kent, su casa convertida ahora en museo. Recorrí los jardines y me quedaba largos ratos en su biblioteca; creo que ha sido uno de los más grandes y más astutos líderes de la época moderna.

He leído biografías de Alejandro *El Grande*, de Constantino, de Gengis Kan y de otros líderes, pero la verdad eran tan distintas épocas que me sería difícil hacer comparaciones, así que Churchill seguirá siendo mi ídolo.

UN REGALO ESPECIAL

No quiero dejar de mencionar que no solo he conocido personas importantes, además tuve la suerte de heredar de mi padre una pieza de porcelana que él, a su vez, heredó de mis abuelos. Se trata del regalo de bodas de parte Don Porfirio Díaz, en ese entonces Presidente de México. Mi bisabuelo José A Muguerza, un personaje a nivel nacional, invitó a Don Porfirio quien, obviamente, no pudo asistir pues ya se empezaban a sentir las corrientes revolucionarias, sin embargo pidió a un asistente que viajara a Monterrey y trajera esa hermosa pieza traída de Francia y que yo conservo con mucho orgullo.

PRESIDENTE REAGAN 1992

PRESIDENTE ERNESTO ZEDILLO 2009

ARNOLD PALMER 1992

REGALO DE BODAS DON PORFIRIO DIAZ

MI LABOR SOCIAL Y COMUNITARIA

Mi madre dedicó mucho tiempo a actividades sociales en dispensarios, la iglesia Pío X y otras organizaciones, por esa razón siempre sentí que era una obligación devolver a la comunidad algo de lo mucho que me ha dado.

No ser mi propio jefe me dificultaba dedicarme de tiempo completo a estas actividades, por lo que las limitaba a lo que mi trabajo me permita.

Alberto Santos me invitó a participar en la casa hogar La Gran Familia; fue muy satisfactorio poder servir a esa organización, durante un tiempo nos involucramos tanto que, en una ocasión que iba a haber un bautizo masivo de niños, mi esposa Chiquis y yo fuimos padrinos de alrededor de 30 niños y niñas; con algunos de ellos mantuvimos contacto, pero después de tantos años ya no sé nada de ninguno de aquellos niños.

Otro evento que me dejó lleno de satisfacción salió de una plática con el director del CUM, que me pidió que le ayudara económicamente a un joven a terminar su prepa. Cuando le pregunté si su familia no podía costear ese gasto me contestó que sí podían, pero que el joven lo necesitaba, me pareció raro pero confié en él y acepté.

La ayuda duró tres años, luego de ese tiempo no volví a saber del joven. Sin embargo, un día, 10 años después de aquella solicitud, un hermano marista me pidió una cita para hablar conmigo de manera confidencial.

Al vernos, me dijo que él era aquel chico a quien financié sus estudios; me explicó que en aquella ocasión, al decirle a su familia que deseaba ser hermano marista, su padre se negó a pagarle sus estudios; fue ahí donde yo ayudé; entonces, esa reunión conmigo fue para agradecerme y decirme que, ahora que ya era hermano marista rezaría por mí y por mi familia toda la vida. Aún hoy que lo recuerdo se me llenan de lágrimas los ojos.

Si bien esta experiencia es hermosa, no todo resultó así, recuerdo a un niño que vendía chicles en el crucero de Simón Bolívar con Fleteros, yo pasaba a diario por ahí para ir a Cigarrera; el niño parecía muy listo, siempre tenía una frase nueva para vender sus chicles; un día le dí mi tarjeta y le pedí que le dijera a sus padres que me llamaran a ver si nos podíamos poner de acuerdo para enviarlo a la escuela. Como a las 2 semanas recibí una llamada grosera de un líder sindical amenazándome por querer sonsacar a uno de sus miembros, aunque el niño no debía tener más de 10 u 11 años, no lo volví a ver en el crucero.

Cuando ya pude disponer algo más de mi tiempo, me acerqué al Instituto de Ejecutivos de Finanzas, del cual llegué a ser miembro de su Consejo; posteriormente fui invitado a formar parte de la Directiva del Club Campestre Monterrey, primero con Don Rogelio Chapa, luego con Don Hugo Martínez y, finalmente, como Presidente del Club en los años 1987-89. Si bien los problemas en esos cargos eran enormes, las satisfacciones eran aún mayores.

Años más tarde, habiéndome ya independizado, Alejandro Vega me pidió que entrara como Vicepresidente de la Federación Mexicana de Golf para posteriormente ser Presidente. Con mucho gusto lo acepté y fue una experiencia totalmente enriquecedora.

La gente que conocí en todo el país y en el extranjero, los lugares a los que pude ir a juntas y convenciones, los torneos en que participé, etcétera, me dejaron recuerdos inolvidables, en especial cuando fui a representar a México como directivo en el Mundial de Golf en Stellenbosch, Sudáfrica –una hermosa región vinatera cerca de Ciudad del Cabo–, pues allí se votaría la sede del mundial del 2010 donde México era candidato. Desgraciadamente lo perdimos para el 2010 pero lo ganamos para el 2014.

A pesar de algunas oposiciones de los capitalinos, con ayuda de Alejandro Vega me ofrecieron la Presidencia de la Federación, pero después de una vida de viajar tanto por negocios, decliné la invitación porque ya no estuve dispuesto a sacrificar el trasladarme a la Ciudad de México tres o cuatro días a la semana durante tres años.

MIS INQUIETUDES

Desde pequeño me encantaba la música, estando en primaria, al salir del Colegio Franco, caminaba a casa de mis abuelos maternos y pasaba por un lugar donde daban clases de piano, cuando le pedí a mi papá que me inscribiera me dijo que el piano era para mujeres y no más discusión.

En el año 2000, cuando me independizé, decidí que quería aprender a tocar el piano y cantar.

Compré un teclado e inicié mis clases, durante unos tres meses me sentí feliz porque ya sacaba algunas melodías usando la mano derecha, por desgracia, llegó la hora de empezar a usar las dos manos y fue ahí que se me cruzaron los alambres; me confundí tanto que ya ni con la derecha pude hacer nada.

La experiencia con el canto no fue muy diferente, busqué al mejor maestro de canto de la ciudad y le dije que quería aprender a cantar. Muy amablemente me dijo que me fuera a mi casa, me aprendiera la canción que más me gustaba y la practicara muchas veces y cuando la dominara volviera con ella. Así lo hice, llegué, le dije que la canción era *My way*, se sentó al piano y me dio la señal para que empezara, me escuchó, me dejó terminar y luego me dijo:

—Veo que escogió una canción en inglés, por lo que asumo que conoce el idioma, así que déjeme preguntarle, ¿sabe ud. lo que significa *tone deaf*?

—Sí —le dije

—Pues usted sufre de eso, entonces le recomiendo que se busque otro hobby —me dijo.

Ahí terminaron mis aspiraciones musicales.

Mi otra pasión son los deportes. me encantaba jugar baseball y basketball, sin mucha modestia debo decir que destaqué en ambos.

En el baseball jugué en el colegio y fui elegido por el profesor González Torres para la selección Monterrey, desafortunadamente, cuando la selección llegó a Williampsport y ganó el campeonato mundial, yo ya me pasaba por un año y no pude participar.

En primaria destaqué en basketball jugando centro, pues desde los 12 años ya tenía mi estatura actual, desgraciadamente, ya no crecí más; para cuando regresé de Estados Unidos ya todos mis amigos eran más altos que yo. De todos modos, en la prepa del CUM participé en los campeonatos Cruz de Malta del Círculo Mercantil y ganamos el campeonato de la ciudad.

Jorge, mi hermano, era más alto y mejor jugador, él llegó a representar a Nuevo León en campeonatos nacionales, sucesos que me dejaban con sentimientos encontrados, por un lado me enorgullecía de él y por otro sentía celos.

Por un tiempo jugué tenis y lo disfruté mucho, pero dejé de hacerlo por falta de contrincantes.

El otro deporte que ahora se ha vuelto pasión es el golf; en este comencé desde los seis o siete años de edad; por desgracia lo dejé cuando me fui a estudiar a Estados Unidos y no lo volví a jugar hasta que terminé mi carrera, así que mis mejores años deportivos estuve alejado del deporte.

Por fortuna siempre he tenido buenos compañeros, inicialmente, Alejandro *el Flaco* Vega en el Contry Club, luego, en el Campestre, Hernán Martínez, José *el Tejón* Sada, Alberto *Tití* González, Jorge *Hopi* Martínez, Ignacio *Nacho* Santos, José *el Charro* Barragán, Bruce Mc Dermott, José *el Gordo* Canales y otros que por ahora se me escapan.

Ya casado, Hernán Martínez ha sido mi compañero de *foursome* por más de 50 años, primero con algunos golfistas mayores, Bob Millholland es del que más me acuerdo, algunas veces Pricilano Elizondo y la Titiana Odrizola, luego por muchos años con Carlos Elizondo, Ricardo Margáin, Armando Hinojosa, Enrique Llaguno y Eduardo Assad.

Más adelante con José Sada, Lito Zablah, Mauro Garza, Memo de Hoyos y Memo Madero hasta evolucionar al *foursome* actual con Hernán Martínez, Guilermo Madero, Alejandro Vega, Luis Sada, Pancho Maldonado y Eduardo Tito Assad.

Puedo aseverar que a pesar de que siempre tenemos diferencias sin importancia, nos divertimos tanto y somos tan unidos que hemos hecho muchos viajes de golf juntos, algunas veces solos, pero la mayoría de las ocasiones con nuestras esposas que, dicho sea de paso, se llevan muy bien.

Solo por recordar: hemos ido a Pebble Beach, a Sawgrass, al Camaleón en Playa del Carmen, al Jaguar de Mérida, a varios de los Cabos y de Las Vegas; a casi todos los de Acapulco y hasta algunos donde no había golf como a Costa Rica, sin olvidar todos los del Valle de Texas y San Antonio.

Grandes satisfacciones: haber ganado un torneo cuando mi padre era Presidente del Club y que él me haya entregado el trofeo; haber ganado la categoría *Senior* en el 50 aniversario del Club, cuyo reconocimiento consistió en una copa muy hermosa mandada a hacer especialmente en Inglaterra; haber logrado lo que todo golfista añora, hacer un *hole in one* (llevo dos) y tirar a mi edad poco después de cumplir los 72 años; estos sucesos fueron aún más satisfactorios porque pude compartirlos con mis compañeros de *foursome*.

A este apartado de mi vida jugando golf podría dedicarle muchísimas páginas, pero lo más importante que quiero destacar es la inspiración que tuve de mi padre, a quien le apasionó hasta el día antes de su muerte; de mi tío Fernando González Quijano que me alentó mucho y de mi primo Enrique *El Churro* Farías, a quien admiré tremendamente.

Además de la música y los deportes, siempre me han fascinado los idiomas; tal como lo comenté por otro lado, el inglés lo aprendí a la fuerza y desde muy pequeño, me precio de que no sólo lo hablo muy bien además lo leo y escribo casi a la perfección.

El primer viaje que hice a Brasil me di cuenta que prácticamente entendía portugués, entonces decidí comprar un curso para estudiar en casa con discos y libros; durante mi siguiente viaje logré desenvolverme con mucha soltura en portugués, por desgracia y, sobre todo, la falta de práctica, hace que uno olvide otros idiomas. También durante el tiempo que viví en Londres tuve tiempo y compré un curso de francés, aprendí poco y también, por falta de práctica, ya no avancé.

Ese tropiezo en mi aprendizaje de francés no minó mi afán por aprender, al contrario, fui a la Alianza Francesa, probé y no me gustaron los cursos, entonces me recomendaron una maestra particular, Caroline, y quedé muy contento con ella; iniciamos cursos intensivos de dos horas diarias mientras yo seguía por las tardes en mi casa con un curso denominado *Rosseta Stone*, magnífico.

La maestra Caroline me decía su *alumno favorito* y me apreciaba tanto que, cuando se casó, nos invitó a Chiquis y a mí de padrinos de boda, éramos los únicos no parientes en la recepción.

Mi primera prueba fue en un viaje que hicimos Luis Sada y Carlos Muñoz con nuestras esposas; creo que me daba a entender bastante bien, lo leía satisfactoriamente, aunque batallé para entenderlo.

Al año siguiente decidí estudiarlo en una escuela en París, pero Chiquis se quejaba de que estaría mucho tiempo sola, por fortuna, Yola Vega deseaba tomar un curso de cocina allá, así que convencí a su esposo Alejandro de irnos; rentamos un departamento y resultó fabuloso.

Diariamente yo caminaba un kilómetro por la Rué du Faubourg Saint Honoré, la escuela estaba a una cuadra después de la place Vendome; Yola se iba a sus clases de cocina y al mediodía nos juntábamos todos para comer y en la tarde a turistear o flojear. Las clases fueron toda una experiencia, entre el alumno más joven y yo había como 50 años de diferencia pero lo disfruté tanto que el año siguiente convencí a mis cuñados Manuel y Nina Mariscal que nos acompañaran y volvimos a París; esa vez solo tomé clases de conversación con una maestra particular, nos veíamos en un café, pasábamos tres horas conversando, tiempo en el que ella además me corregía.

El resultado: a mi edad es difícil aprender un idioma nuevo, sin embargo, estoy muy satisfecho que en francés leo casi todo, con horrible acento y seguramente utilizando mal los tiempos y géneros de los verbos, pero me doy a entender con mucha confianza. Sigo teniendo algunos problemas para entenderlo cuando hablan muy rápido

Dejé mi última inquietud para el final porque creo que en esto sí he sido exitoso. En el Colegio Franco, la clase de lectura era aprender a leer, es decir, el alfabeto, las palabras, frases, los párrafos, etc., pero hasta allí, cuando me mandaron a estudiar a E.U realmente me inculcaron el amor por la lectura, empezando con libros sencillos como *Tom Sawyer*, *Huckleberry Finn*, *La isla del Tesoro*, etc., cada vez nos daban libros un poco más pesados, en mi último año tuve que leer *Hamlet*, al cual no le entendí ni me gustó nada pero todo eso hizo que me fascinara leer.

A mi regreso a Monterrey era un bicho raro, a nadie le gustaba leer, así que casi todo lo que leía me lo guardaba, me dio por los clásicos rusos, empezando por *Michael Strogoff* de Julio Verne hasta llegar a Fiódor Dostoievsky, León Tolstoi y de nuevo regresé a Julio Verne, Robert Louis Stevenson y otros que se me escapan. Traté de empezar algunos de los latinoamericanos como García Márquez, Mario Vargas Llosa y Jorge Luis Borges, pero en aquel tiempo no me llamaron mucho la atención. Qué lástima que ya leí todos los de Ernest Hemingway, fuera de *El Viejo y el mar*, los disfruté muchísimo.

La *Biblia* la leí completa antes de los 21 años de edad, la neta, la sentí como tarea. Empecé *El Quijote*, que es el libro más importante de Miguel de Cervantes Saavedra, pero lo dejé antes de llegar a la mitad; retomé la lectura cuando me encontré una edición popular con el castellano modernizado y, la verdad, me gustó.

Pasé por las novelas de Ian Flemming, Harold Robbins, Sidney Sheldon, Jeffrey Archer y de Ken Follet, los españoles Ildefonso Falcones y Julia Navarro. Volví a leer algunas de los latinoamericanos y los disfruté, más a Vargas Llosa que a García Márquez.

Hará unos 15 años volví a leer la *Biblia* ya con otra mentalidad y, puedo decir que así como encontré pasajes que no me gustaron porque mostraban a un Dios vengativo—como *El Génesis*-, también encontré cosas hermosas como algunos de los Cantares y casi todas las cartas de San Pablo; también hay contenidos que, la verdad, no le encontré ningún sentido.

Leí *El Corán* y, en general, me gustó, no difiere tanto de nuestra *Biblia*, pero la escritura en versos a veces se hace pesada. Leí algo del *Torah* y prefiero reservarme mi opinión.

Por supuesto, he leído todos los libros de Winston Churchill y lo que habla acerca de él. Leí historias de Alejandro *El Grande* y de Gengis Kan, de ellos puedo decir que es difícil diferenciar entre historia y leyenda; igual las crónicas de Bernal Díaz del Castillo sobre Hernán Cortés.

Leí a Gandhi y me gustó, aunque algunas de sus filosofías son difíciles de entender para los que nos educamos en el mundo occidental. También he leído todo lo que he encontrado de John Kennedy.

Leí un libro sobre *self improvement* ame-ricano, no recuerdo el autor, también el famoso: *Who moved my Cheese*, de Spencer Johnson, y uno o dos del brasileño Paolo Coelho, este último se me hizo que se burlaba del lector, no son para mí.

Ahora me dedico a leer biografías, libros que me recomiendan, algunos que se aventuran a predecir el mundo dentro de 10 años y otros hasta 100, cómo avanza la tecnología, etc.

En general leo casi de todo, mi papá decía que si no había nada cerca en el desayuno, leía la caja de Corn Flakes, es cierto, disfruto mucho la lectura.

MIS LOCURAS

Por más que busco palabras se me hace muy difícil explicar la sensación de libertad que me da el rodar en una motocicleta.

Aunque siempre quise tener una, mis padres nunca me lo permitieron. Cuando me casé mi primera hija llegó muy pronto y mi esposa no dejaba de recordarme sobre la responsabilidad de ser padre, pero las ganas de una moto nunca se me quitaron.

Cuando Raúl, mi hijo, tendría unos once o doce años tuve la suerte de que algunos amigos con hijos más o menos de la misma edad compraron motos de monte y aproveché la oportunidad: compré una pequeña Suzuki para mi hijo y otra Honda 200 deportiva para mí.

En las primeras salidas me sentí realizado, había el famoso *cerro pelón*, hoy totalmente poblado arriba de San Patricio, y allí nos pasábamos días enteros, corriendo, brincando, cayéndonos y viviendo cerca de la naturaleza, conocí lugares al sur del estado que me hubiera sido imposible conocer si no fuera por la motocicleta; lo fabuloso fue que lo hice en compañía de mi hijo y de otros papás con sus hijos, del que más me acuerdo es de José *El Charro* Barragán, cuyo hijo, Bernardo, era muy arrojado y nos ponía la muestra.

Traté de convencer a otros amigos de unirse a la experiencia; Hernán Martínez hasta compró una moto pero creo que nunca la usó. Raúl, mi hijo, la dejó por tener que irse a estudiar fuera de la ciudad.

Con Gerry, mi segundo hijo, no tuve suerte, la primera vez que se subió en la moto resbaló en grava, tuvo un accidente y creo que hasta un diente perdió y ya no quiso saber nada de ellas; mis amigos vendieron las suyas y yo perdí el interés, pero nunca vendí mi moto.

30 años después, Memo, mi hermano se compró una moto que me desarmó, no sabía si a los 70 años podría hacerlo pero estuve dispuesto a probar, arreglé mi vieja Honda, que tenía 30 años sin uso, e hice un par de salidas donde no me fue tan mal, así que me dirigí a la agencia y me regalé de navidad una BMW 700 de doble propósito —pavimento y terracería—porque estaba seguro que la motocross ya no era para mi edad.

En la primer salida con mi hermano Memo me caí unas tres veces y decidí que necesitaba un curso; lo tomé y además le compré una moto idéntica a mi hijo Raúl, para que me cuidara, se cambiaron los papeles.

No me arrepiento de mi adquisición, hemos salido pocas veces pero de nuevo, como antaño, hemos ido a lugares que me sería imposible llegar más que en la moto, además hemos ido en familia con mis hermanos Jorge y Memo; mi cuñado Rodrigo Treviño quien, por cierto, es altamente experimentado en motociclismo mis sobrinos Mauricio y Domingo y, por supuesto, con Raúl, mi hijo.

El gozo y la satisfacción que siento al ir en la motocicleta, así como los lugares a los que vamos, no los cambio por nada. Ha sido tanto el gusto que compré otra moto parecida en Houston, Texas y me la llevé a San Antonio: una BMW 800 exclusiva para carretera, en la cual acompaño a mis amigos que gustan de salir a pasear a Hill Contry al noroeste de San Antonio y, a pesar de no dominarla como Memo o como Rodrigo, me divierto tanto o más que ellos.

De nuevo, no he podido convencer a mis amigos de San Antonio de que experimenten la satisfacción de ésta máquina, además tampoco he podido evitar comentarios como: "dale una checada a tu acta de nacimiento", "vete al espejo", "ya estás muy viejo", etc.

Y no lo discuto, pero la única vez que salí solo en San Antonio me presenté en la BMW a ver si encontraba un grupo para pasear, para mi suerte lo encontré, fue un paseo corto, pero cuando nos paramos para tomar un descanso, nos quitamos los cascos y me di cuenta que a mis 74 era el más joven de todos.

Mi sueño es, antes de que la edad me lo impida, subir de San Francisco, Ca. a Seattle, Wash y cruzar a Vancouver, Canadá, con toda mi familia motociclista; no sé si lo lograré porque hay mucha oposición en mi casa. Hay lugares hermosos en México en los que me gustaría rodar, pero no ofrecen la seguridad adecuada. Repito, no creo que alguien que no haya experimentado la motocicleta me pueda entender.

Después de pasar un periodo en el que realmente me dio terror volar pero tuve que hacerlo por cuestiones de trabajo, allá por el año 86 me entró el gusano de la aviación, entonces tomé algunas clases teóricas y luego no sé de dónde me salieron dos socios –Jaime Rodríguez Silva y Felipe Delgado– que querían comprar un avión, me lo encargaron a mí y conseguí un Cessna 414 que disfruté enormemente.

Nuestro piloto era hijo de un famoso instructor y con él seguí los cursos de vuelo. Despegué el avión en varias ocasiones, lo volé por largos periodos, pero nunca logré vencer el miedo de sentir que la tierra se me venía encima cada vez que trataba de hacer el aterrizaje y solicitaba ayuda o prácticamente le transfería el mando al piloto.

Mi último vuelo fue salir del ADN (Aeropuerto del Norte) y volar a Brownsville, yo despegué, lo enderecé, lo estabilicé a 16 mil pies, fijé el rumbo, pedí pista, enfilé el avión y unos minutos antes de tocar tierra estaba confiado en que yo solo haría el aterrizaje, a 3 mil pies me entró el mismo terror, le pasé el mando al piloto y fue la última vez que traté de pilotear.

El avión lo conservamos unos años más, pero luego Jaime quiso un *jet* y a Felipe y a mí no nos alcanzaba, asi que lo vendimos, pero el gusanito de seguir volando no se me quitó.

Hace unos años se me presentó la oportunidad de adquirir una parte de otro Cessna 414 y no lo dudé, creo que con excepción de Nico, mi yerno, ya lo volaron todos mis hijos, nietos y algunos amigos; Guicho –que lo bautizó como el avión de invierno– y Cris, Alejando y Yola, y Hernán y Mágala.

Para los vuelos que yo hago –a La Isla y San Antonio y mi hijo por negocios a Torreón, Aguascalientes y Zacatecas– es el avión ideal, un poco caro, pero muy cómodo y vuelo sobre la violencia de Reynosa, espero me dure mucho el gusto.

MIS VIAJES

Desde muy niño me pareció fascinante viajar, mi primera travesía fue a Saltillo, con mis abuelos. Con mi papás y hermanos viajé mucho en vacaciones, en variadas ocasiones fuimos a Corpus Christie con el grupo de dominó de mis papás. Eran siete parejas de amigos, más o menos de la misma edad. Debido a que mis papás se casaron antes que sus amigos y contemporáneos, yo no tenía compañeros de mi edad, sin embargo disfrutaba mucho de la playa, del día de los piratas y de tratar de hacerme entender en inglés con quien pudiera.

Otros viajes entrañables y en las mismas amistosas circunstancias fueron a la Isla del Padre, donde era hospedaje seguro en el hotel Miramar o el Sandy Retreat.

A mi padre le interesaba mucho que conociéramos de historia de México, así que nos llevó a la ruta de la Independencia en el centro de la República, donde no nos interesaba tanto la historia pero se me quedaron grabadas la mayoría de las imágenes que nos mostraba. En otra ocasión fuimos a la Ciudad de México, donde también papá aprovechaba para enseñarnos sitios históricos.

Como a los 13 años de edad hice mi primer viaje solo a la Ciudad de México, el recorrido fue para visitar a mis primos y lo hice en el Tren Regiomontano. Mi primo Marcelino, que es 3 años mayor, me llevó a fiestas donde hacían sus pininos los *teen tops* con Enrique Guzmán; cómo me daba envidia verlo tocar guitarra y cantar.

Ya más joven y cuando estudié en Estados Unidos, mi compañero de cuarto, James B DeLysle y yo decidimos hacer un viaje a Colorado para hacer *rafting* en el río Colorado. Avisé en mi casa y, aunque sí me dieron permiso, no dije que nos íbamos a ir de *ride*.

En la Semana Santa de 1958 emprendimos el viaje, la mayoría de los *rides* fueron de agentes viajeros, algunos en grandes camiones transportistas; ahora no estoy seguro pero creo que tardamos como tres días en llegar durmiendo en *truck stops* y *sleeping bags*. Al llegar al lugar, que no recuerdo ni cómo se llamaba, resultó que sólo nos alcanzaba para una etapa del rafting. Gracias a Dios, pues fueron unas cinco horas empapado, empanicado y con ganas de que se acabara aquello; el regreso a Saint Louis fue más tranquilo.

Otros dos viajes que recuerdo muy bien fueron a Acapulco con amigos. El primero en autobús solo Rodrigo Zambrano y yo; éramos tan jóvenes que llegábamos a los cabarets y aunque nos dejaban entrar, nadie nos pelaba. El segundo fue en carro, íbamos un grupo muy grande y llegamos a un hotel que consiguió Panchito González, el Hotel Bahía, muy cerca de Caleta, donde el gerente era un tal señor Oceguera que, muy amablemente, nos dejaba el bar abierto en las noches y nosotros aprovechamos su generosidad con unas buenas borracheras; por la noche íbamos al cabaret de moda, el Bum Bum, y al día siguiente, por la mañana, nos paseábamos en Caleta y en la tarde en Playa de Hornos.

A fines del siglo pasado y durante los primeros años de este, a mis hermanos, a mí y a nuestras respectivas esposas, mis padres nos comenzaron a invitar a celebrar su aniversario de bodas, cuya fecha era cada 12 de septiembre, a algún viaje. Con ellos fuimos a Las Vegas, donde recuerdo que mamá jugaba y era muy suertuda; una noche, papá se fue a dormir, se despertó como a las 3:00 am y no la vio, entonces fue a buscarla al casino y allí estaba con nosotros y mucha gente echándole porras pues llevaba 13 pases seguidos en los dados.

En el año 2000 fuimos a New York, lugar en el que Diosito nos salvó de morir en las Torres Gemelas, ya que el aniversario de mis padres era el día 12 de septiembre, algunas semanas previas traté de conseguir reservaciones para ir, pero no había muchas y de las pocas que sí había eran carísimas, entonces decidimos adelantar el viaje una semana; fue el 4 de septiembre, justo una semana antes del 9/11, que toda nuestra familia estábamos enfrente de las Torres Gemelas a las 9:00 am; o sea, si no hubiéramos anticipado el viaje una semana, habríamos sido testigos del atentado terrorista y de la caída de las torres.

En este viaje nos disponíamos a subir al Empire State y ya arriba del elevador, a segundos de cerrar las puertas, salieron corriendo Luchi y Popo, creo que no les gustan las alturas.

En su 60 aniversario de casados, cele-brado en Acapulco en 2002, el tío Pepón Rivero le prestó a papá su casa "8 Caballos", ahí cabíamos todos y la pasamos de maravilla; el mero día fuimos a misa y luego regresamos a la casa donde nos habían preparado un banquete, cantamos, bailamos y mamá nos deleitó con una hermosa canción compuesta por ella.

En el 2003 fuimos a Zacatecas en un camión VIP equipado que le prestaron a papá, creo que a este viaje no pudieron ir todos.

En el 2004 el viaje fue la Isla del Padre y fue muy triste porque el cáncer de mi mamá ya estaba muy avanzado y, aunque nunca se quejó, veíamos que hacía un esfuerzo para que no notáramos que sufría.

Mamá murió en enero del 2005, a los 82 años; papá se nos vino abajo de tanta tristeza pues llevaban juntos más de 60 años de casados y siete de novios. Tras la ausencia de mamá, entre todos nos alternamos para atender y acompañar a papá.

En mayo lo invité a New York a la graduación de su nieto Gerry; la salida era un martes, y el lunes fue al campestre a despedirse de sus amigos, luego fue a una clínica a que le dieran un masaje, allí le dió un infarto fulminante y falleció. No pudo seguir adelante sin mamá.

Yo pospuse el viaje a New York, pero al día siguiente, después de la misa de papá, me dije que no podía hacer más por él y volví a comprar boletos; así que Chiquis y yo, llenos de orgullo, pudimos estar con Gerry en su graduación; fue un sentimiento igual cuando estuvimos en la graduación de Raúl, en Saint Louis.

Gocé tanto estos viajes con mis padres que me prometí tratar de acerlo algún día con mis hijos.

Dios me lo ha concedido, pues he podido hacerlo no solo con mis hijos sino también con mis nietos.

El primer viaje que hice a Europa fue unos meses antes de casarme a un curso en Londres y después pasé tres días en Roma, donde me tocó audiencia con el papa Pablo VI.

Ya casados, Chiquis y yo hicimos algunos viajes a Acapulco, Cancún, Guadalajara, Nueva Orleans, Atlanta y Orlando.

Con mis hijos fuimos varias veces a la Isla del Padre junto con amigos y sus hijos, regesamos al Miramar o al Sandy Retreat, hoteles que durante mucho tiempo fueron las únicas opciones; a esos paseos iban Hernán Martínez, Alejandro y Jorge Vega, Rodrigo Zambrano, José Sada, Billy González, Guicho Sada, Jesús Salas, todos ellos con sus esposas e hijos; la pasábamos de maravilla.

Viviendo en Londres tuvimos la opción de regresar a Monterrey de vacaciones, pero logré negociar que el costo del viaje a Monterrey me lo dieran para viajar a Europa; entonces, en mayo de 1978 fuimos a Luxemburgo, Ginebra, Venecia, Nápoles, Roma, Pisa, San Remo, París y de ahí el regreso a Londres.

Cruzamos el canal en Ferry, lo hicimos en un carro inglés con la dirección del lado derecho, toda un aventura pero gozamos mucho, no había GPS y los mapas, especialmente en Italia, eran muy malos, así que nos perdíamos muchas veces.

Tres viajes muy interesantes fueron los que Chiquis y yo realizamos durante nuestra vida en Londres; el primero fue a Grecia, ahí visitamos Atenas y algunas de las islas griegas; otro fue a Amsterdam con una pareja de americanos, Richard y Dicky, no recuerdo sus apellidos, y el más interesante fue a Moscú, cuando Rusia aún era comunista. Conseguimos el viaje muy barato porque ya era invierno en Rusia; al llegar nos maravilló conocer un mundo diferente; en esa ocasión yo me compré un sombrero de piel típico ruso y al llegar al hotel me quedé platicando con la guía mientras Chiquis entraba al hotel, pero ella traía los pases –para todo se necesitaba un pase– y cuando quise entrar no me dejaron y ni me entendían, de pronto aproveché que la puerta se abrió y logré gritarle a Chiquis que trajera el pase para que me dejaran entrar. Otro día fuimos a visitar la tumba de Lenin y como estaba casi a cero grados Chiquis prefirió quedarse en el autobús pero no se lo permitieron, vaya, no nos dejaban salirnos para nada del programa.

En una Semana Santa, ya nacido Gerry, nos fuimos a la Ciudad de México en un auto que nos prestó Cigarrera e hicimos el tour de la ciudad, monumentos, parques, etc. En uno de los viajes a Acapulco, recuerdo que Gerry se mareó, en algún lugar se nos ponchó una llanta y de regreso pasamos a Cuernavaca a visitar a Manolo y Nina.

Por esos tiempos viajamos a esquiar con amigos a Snow Mass, ahí fue donde Chiquis se rompió los meniscos y regresó en el avión privado de Eugenio Clariond. Luego hicimos otro viaje a Steamboat con amigos e hijos; los niños se subieron a globos aerostáticos y gozaron de la compañía de chicos de su edad.

Un paseo que recuerdan mucho mis hijos fue a Park City, ahí compartimos un apartamento con Hernán Martínez y su familia; a quien más recuerdan es al tío Hernán despertando a todos muy temprano para estar en los *lifts* a las 9:00 am en punto.

En el verano de 1988 tuvimos la oportunidad de volver, ya con Gerry, a Londres, Madrid, Toledo, París, Roma, Lucerna, Viena, Salzburgo y regresamos vía Londres. El viaje fue maravilloso, conocimos mucho y siempre terminamos agotados, pero de lo que más se acuerdan es de un incidente que nos sucedió en Lucerna.

Resulta que en Lucerna debíamos tomar un tren muy temprano hacia Zurich donde teníamos solo 15 minutos para cambiar de tren y salir a Viena. Media hora antes ya estábamos arriba del tren acomodados en un camarote para la familia, de pronto a alguien le olió mal el camarote y como había uno vacío al lado optamos por cambiarnos, pero unos minutos antes de partir el tren me di cuenta que había dejado en el otro camarote una espada muy bonita que había comprado en Toledo, me dirigí a él, pero como ya estaba ocupado solo pregunte por ella, me dijeron que la habían entregado al conductor y el conductor me dijo que la habían enviado a *lost and found* de la estación.

Le entregué los pasaportes a mi hija Bibis y me bajé pensando que tendría tiempo de recogerla, no había caminado unos pasos cuando el tren partió. Enseguida me di cuenta que mis opciones eran pocas, si tomaba un tren más tarde perderíamos la conexión, además no sabía qué haría mi familia al llegar a Zurich, entonces no existían los celulares.

Primero me dirigí a recuperar la espada, una vez que la tuve busqué un taxi para que me llevara a Zurich, solo uno accedió y me dijo que llegaríamos en una hora con 45 minutos, le dije que necesitaba llegar en una hora y, tras una buena propina me dijo que trataría, "55 minutos", le dije, "pues necesito ir al baño".

Salimos de la ciudad, que es muy peque-ña y durante el trayecto, ya en carretera nunca bajó de 200 kph, entramos a Zurich casi a la hora, en el viaje batallé mucho para comunicarme con el chofer pues no hablaba inglés y estábamos en Suiza alemana.

Poco antes de entrar a la estación, en su mal inglés me preguntó por la espada, le dije que era de Toledo, me preguntó que si me gustaba España, cuando le dije que sí, me dijo que él era español, ¡me hubiera dicho y nos hubiéramos ahorrado mucho problema!, le ofrecí otra propina si se bajaba conmigo, pues la estación de Zurich era muy grande y todo estaba en alemán, así que yo no sabía por cuál vía llegaría el tren con mi familia. Afortunadamente, a los cinco minutos de correr por la estación, vi a mi hija Bibis bajarse de un tren.

Lo que pasó en el tren es otra historia, era un 21 de junio, día del padre, todos pensaron que no me volverían a ver, yo traía los boletos; el conductor, al ver a todos llorando y después de alguna explicación que le dio Lorena en francés, ya no los molestó. Gracias a Dios, a quien le recé todo el camino, tuvo un término feliz este incidente.

En este viaje mis padres hicieron el mismo itinerario que nosotros y se quedaron en los mismos hoteles, sólo que iban unos tres días adelante y en cada lugar nos dejaban una notita con sugerencias, pero en Roma nos dejaron una carta como de cinco páginas.

Resulta que mi primo José Antonio Muguerza les consiguió unos pases para visitar los jardines del vaticano. Se los estaba mostrando cuando un helicóptero aterrizó a unos 100 metros de donde estaban ellos, vieron descender al papa Juan Pablo II y subirse a un carro sin capota, de allí, pasó a unos metros de ellos y cuenta mi mamá que no le quitó la mirada, a tal grado que el Papa le pidió a su chofer que se detuviera, se bajó del carro y se dirigió a mi mamá. Las emociones que ambos sintieron las volcaron en esa carta, que por desgracia no conservé, pues al escribirla ambos lloraban y sus lágrimas se quedaron en el papel.

De trabajo hice más viajes de lo que quisiera, la verdad que cuando salí de trabajar del Grupo Pulsar no hubiera querido hacer un viaje más en mi vida, pero viajar con mi familia o con amigos es totalmente diferente.

El peor viaje que he hecho fue a principios de los 80, cuando tuve que ir a Londres a firmar unos bonos que emitió Cigarrera; salí de Monterrey un día en la mañana, llegué a Londres como a las 7:00 am del día siguiente y me fui a cambiar al hotel; a las 10:00 am ya estaba en el Banco firmando bonos, eran 2,500; así que terminé como a las 9:00 pm. De ahí me fui al hotel del aeropuerto y tomé un vuelo temprano a Monterrey, donde llegué como a las 10:00 pm; al llegar, me sorprendió ver a mi secretaria con un boleto para salir a Londres de nuevo a las 7:00 am porque se me había pasado firmar 11 bonos y la bolsa de Londres no los aceptaba, así que volví a Londres, firmé los bonos y regresé a Monterrey para estar presente en la ceremonia de emisión. ¡En cinco días crucé cuatro veces el Atlántico!

A principio de los años 90, Mauro Garza nos invitó en su avión a Acapulco; puros hombres nos fuimos a jugar golf, nos quedamos en Un Camino Real y jugamos en tres vidas Mauro, José Sada, Hernán Martínez, Lito Zablah y yo.

Por esas fechas, el grupo de Guicho Sada, Pato Miguel y Lauro me invitaron a jugar golf a Manzanillo, como yo tenía que estar en New York un sábado, conseguí un avión privado que nos llevó a varios; de regreso solo se vino conmigo Polo López.

No recuerdo en qué año, pero yo tenía horas en un *Learjet* para ocho pasajeros, así que invité a Hernán y Mágala, José y Lupe y Guicho y Cris al Hotel Princess de Acapulco, jugamos golf, salimos a cenar y la pasamos a todo dar. Recuerdo que al abordar le dije al piloto que iban dos personas que eran algo nerviosas cuando se movía mucho el avión, me contestó que no me preocupara, que volaría muy alto para que no se moviera. Mi compadre José, que era uno de los que no le encantaba volar, se pasó el viaje mirando por encima del hombro de los pilotos y nos hizo una reseña de todo el vuelo.

En el 2000 hicimos un crucero al Báltico con Gerry, nos acompañaron Polo López y Kirris; en el barco había más gente de Monterrey. Salimos de Inglaterra y visitamos Suecia Noruega, Finlandia, San Petersburgo en Rusia y Estonia, el último lugar fue Copenhagen, de allí el barco regresaba a Inglaterra. Nosotros nos bajamos en Copenhagen y volamos a París, donde pasamos unos días ya solos con Gerry.

El 2000 fue año santo, así que para la culminación invité a mis hijos a pasar año nuevo en Roma; allá nos encontramos a Billy y Lydia González y a José y Lolyna Maldonado. Fuimos a dos audiencias con el papa Juan Pablo II, una de ellas el 1 de enero y hubo que levantarnos a las 5:00 am para estar en la Plaza San Pedro antes de las 6:00 am, hora en que se empezaba a llenar, y luego aguantar el frío hasta las 10:00 am, cuando se celebraba la misa.

En el recorrido que el Papa hizo al terminar la celebración eucarística pasó tan cerca de nosotros que Bibis alcanzó a darle una foto de Robi, su hija, pidiendo que intercediera por ella. Recuerdo que esa mañana llamé a todos para que estuvieran listos y Gerry no me contestó, temiendo que se hubiera quedado dormido fui a su cuarto, después de tocar por unos 10 minutos y no recibir respuesta, estaba a punto de pedir a la administración que me abriera pero en ese momento llegó Gerry de celebrar fin de año, así que sin dormir se tuvo que aguantar la espera y la misa, ¡jóvenes al fin!

Otro recuerdo fue caminando por la Vía Veneto con Billy y su hijo Guillermo ya casi sacerdote, se nos acercaron unas mujeres muy guapas y, dirigiéndose más a él que a nosotros, le dijeron: "Dato quesiamo in molti possiamo fare un prezzo speciale" (como son varios les damos un precio especial); ya se imaginaran que no aceptamos la oferta. Esa noche, con mucha bebida, las dos familias tuvimos una cena muy divertida, a la que, por cierto, Guillermo no fue.

En 2001, Chiquis y yo fuimos solos al norte de España y Portugal. Visitamos San Sebastián, Bilbao, Santander, la Coruña Santiago de Compostela y Lisboa. En San Sebastián cenamos en Arzak, donde nos trataron muy bien pues la hija de Juan Mari, el dueño, estaba por abrir un restaurante en México. En Lisboa nos tocó estar en Fátima precisamente el día de la virgen de Fátima, fue muy emotiva la experiencia entre miles y miles de personas.

En 2002 fuimos a visitar Turquía y Egipto con Polo López y Kirris, fuera de pasar unas horas para que Kirris comprara muchas alfombras a un comerciante y otras tantas comprando todo el bazar, el viaje fue fascinante.

En 2003, también solos, Chiquis y yo viajamos al sur de Francia, iniciamos el tour por los castillos de Loire, aunque después de unos días nos cansamos de tanta provincia y manejamos hasta Ginebra, de allí a Milán, donde nos dimos una buena perdida (no había GPS), luego Mónaco, donde todo es bonito y finalmente París, donde nos encontramos con mi hija Lore y Nico, y pasamos unos días con ellos antes de regresar.

En 2005 fuimos a Londres, Escocia y España con Hernán Martínez, Billy González y las esposas. Luego de la experiencia nos reímos muchos, pero durante el momento que pasó no nos causó mucha gracia; resulta que llegamos a Saint Andrews con una carta de la Federación Mexicana de Golf, así que de inmediato nos atendieron muy bien pero no permitieron entrar a la señoras, nos aclararon que era un club exclusivo para hombres y no podían romper la regla, una de las esposas pidió, por lo menos, que la dejaran usar el baño; se lo permitieron solo después de que una persona la acompañara y se cerciorara que después del baño saliera del club.

Fuera de ese incidente y luego de que las señoras se fueron de shopping al pueblito lo gozamos mucho, visitamos el campo de golf de Saint Andrews, la catedral del golf, y aunque no pudimos jugar para mí fue una emoción muy especial.

Bueno cada lugar había que esperar un poco a Lydia que NECESITABA comprarle vestidos a María José, no exagero debe haberle comprado unos 100.

Una anécdota en España fue una noche que fuimos a cenar teníamos una reservación a las 9:00 pm, mi compadre Hernán quería dormirse temprano y la cambio para las 8:30 pm, que fue lo más temprano que le aceptaron. Llegamos puntualmente y, a pesar de que estaba lloviendo, nos bajamos del taxi, nos dirigimos al restaurante que ¡estaba cerrado!, entonces tuvimos que aguantar un poco la lluvia hasta que luego de unos 20 minutos llegó un mesero y al comentarle que teníamos una reservación a las 8:30 pm y reclamar que ya casi eran las 9:00, se rió y nos dijo: "pues alguien los engañó porque en España nadie cena antes de las 10:00". Por fortuna nos dejó pasar y nos dieron una bebida mientras ponían las mesas y abrían al público. a las 10 de la noche!

A Sevilla viajamos en El Ave que, por alguna razón, se tuvo que parar y luego, para recuperar el tiempo, viajamos a más de 200 kph. Allí nos tocó ver un hermoso desfile paseando al custodio de la catedral.

También en 2005 hicimos un viaje de familia, Chiquis y yo con los tres hijos casados, sus consortes y Gerry a América del Sur. Visitamos Santiago de Chile, Valparaíso, Río de Janeiro, Iguazú y Buenos Aires. En Buenos Aires visitamos a los Teisaire, familia con quien hicimos gran amistad en Londres y nos dio muchísimo gusto volver a reunirnos, nos dieron una parrillada en su estancia fuera de Buenos Aires, hermosos recuerdos.

En 2006 hicimos uno de los viajes más emocionantes que recuerdo. Yo tenía que ir Sudáfrica a representar a la Federación Mexicana de Golf en un torneo mundial de aficionados. Traté de combinarlo con un safari fotográfico, pero a Chiquis le daba miedo ir solos a la selva, entonces invitamos a Hernán y Mágala, que nos dijeron que sí y planeamos todo el viaje. Unos días antes de irnos algo le salió a Hernán y todo parecía que cancelarían, por fortuna pudieron ir e iniciamos el viaje vía México, París, Johanesburgo.

El primer lugar que llegamos fue Sun City, como Las Vegas pero en medio de la selva, descansamos del largo viaje, nos subimos en globo aerostático para ver animales a las 5:00 am. De allí nos trasladamos a Ngala, el primer campamento, interesantísimo, vimos todas las especies de animales africanos a unos cuantos metros de nosotros desde el jeep, la guía que nos tocó muy buena.

De Ngala volamos a Mala Mala en un avioncito Cessna para cuatro pasajeros, el piloto, muy jovencito, creía que iba a recoger a dos personas, pero no se inmutó cuando supo que éramos cuatro; Hernán se sentó enfrente, con el piloto, y yo atrás con las dos señoras deteniendo la puerta que no cerraba bien; debido al peso volamos muy bajito, afortunadamente el vuelo fue corto. Mala Mala es un lujo en medio de la selva, las cabañas que teníamos eran mejor y más grandes que una suite en Waldorf Astoria.

El primer día que salimos fue una expe-riencia poco usual, estábamos viendo un cheetah perseguir a un impala cuando le avisaron al guía que había un búfalo herido y unos leones cerca, entonces, a través de la selva, pues no había caminos, nos dirigimos hacia allá. Llegamos y apagaron el jeep, al rato nos dijo: "no hagan ruido ni se muevan pero volteen a su derecha", a unos tres metros pasaban unas leonas oliendo al búfalo, unos minutos después vimos pasar a un león gigantesco e inmediatamente el bufido del búfalo cuando lo atacaron, el león ahogó al búfalo y se retiró a descansar, una vez descansado emitió un rugido ensordecedor y se retiraron las leonas para dejarlo comer a él; al día siguiente regresamos y solo quedaban los huesos que lamían las hienas y algunas aves de rapiña, los leones estaban tirados y casi sin poder respirar después de haber comido unos 80 kilos de carne cada uno.

De allí fuimos a la Ciudad del Cabo, hermosa, hicimos una excursión al Cabo de Buena Esperanza donde se juntan los dos océanos, el Atlántico y el Índico; vimos pingüinos, ballenas. una gran experiencia.

Luego yo fui a lo del Mundial de Golf mientras Hernán y Mágala volaban a Zimbawe. Chiquis y yo los alcanzamos al día siguiente para ir a visitar las Cataratas Victoria, gran espectáculo; de ahí regresamos a París donde pasamos unos tres días visitando lugares.

En febrero de 2007 fuimos a esquiar a Vail con hijos y nietos, fue la primera esquiada con todos, aprendieron muy pronto y lo gozamos padre.

También en 2007 hicimos un viaje a California con Guicho y Cristina y Billy y Lydia, visitamos los viñedos de Napa Valley, jugamos golf en Pebble Beach y pasamos unos días en San Francisco donde paseamos en Segways. En carretera manejaba yo, pero en Pebble Beach Guicho se apoderó del volante y el día que teníamos reservación para jugar golf, íbamos a muy buena hora para dejar a las señoras en un SPA y llegar a tiempo al *tee-off*.

Pero casi saliendo del hotel nos paró una patrulla y al bajar Guicho el vidrio le dijo: "Sir, there was a STOP sign back there and you not only didn't stop but didn't even make an attempt to slow down". Y empezó a po-ner la multa, Lydia dijo algo para suavizar la situación, la volteó a ver el policía y le dijo: "señora, usted no trae el cinto puesto", luego volteó a ver los demás y se dio cuenta que ninguno lo traía, así que dijo: "van a ser siete infracciones, una por no hacer alto y seis por no traer el cinto". Con mucho temor le comenté que veníamos de muy lejos y teníamos *tee—off* en Pebble Beach, se portó muy bien llamando a otra patrulla para acelerar la elaboración de las multas.

En ese mismo año fuimos a visitar a Gerry a New York y nos llevamos a los cuatro nietos grandes, como de 11 a 15 años, la gozamos con ellos. Al llegar al aeropuerto la fila de taxis estaba muy larga, así que rentamos una limousine, creo que fue lo que más les gustó del viaje. Luego, para mortificar a la abuela que constantemente les decía que no jugaran en la banqueta porque se caían y los atropellaban, Lorenita, que apenas tenía 11 años e incitada por los mayores, cruzó la Quinta Avenida haciendo ruedas de coche.

En septiembre, Luis Sada y Carlos Muñoz tenían planeado un viaje al Oriente y yo hice muchas insinuaciones hasta que por fin nos invitaron. Chiquis y yo nos fuimos antes para visitar Camboya, país que, por cierto, nos encantó; de allí volamos a Hong Kong donde nos encontramos con Guicho y Cris y Carlos y Carmen.

Esa noche fuimos a cenar y salió el tema de que al día siguiente era primer viernes de mes, yo estaba cumpliendo una promesa que le hice a mi mamá antes de morir y consistía en comulgar, de manera consecutiva, los primeros nueve viernes de cada mes –llevaba ocho–, para hacerme acreedor a las promesas del Sagrado Corazón de Jesús, mi primer pensamiento al darme cuenta de la circunstancia fue: "ni modo, regresando a Monterrey comienzo de nuevo", pero luego recapacité y consideré que aun en un pais no cristiano no perdería nada si trataba de encontrar una iglesia católica. Pregunte y averigüé que había una como a 2 km caminando y que tenían misa a las 6:00 am, le comente a los demás mi intención de acudir, entonces Carmen le preguntó a Chiquis si no le importaba que me acompañara. Chiquis dijo que con tal de que la dejaran dormir, por supuesto que no le importaba. Me levanté muy calladito a las 5:00 am, del lobby le llamé a Carmen, que ya estaba lista, y caminamos los 2 km, escuchamos misa en chino, comulgué, cumplí mi promesa y regresamos al hotel mucho antes de que los demás abrie-ran los ojos.

Hasta este viaje entendí por qué Cris no me había querido compartir de su postre muchos años antes en Acapulco: ¡wow, está chiquita pero cómo come, pide mucho y se acaba todo!

Con ellos visitamos Hong Kong, Bangkok, Shangai, Xian (ejércitos de Terracota) y Beijing. Me llevaría mucho tiempo narrar cada una de las anécdotas que tuvimos por allá, pero me limitaré a decir que es uno de los viajes más interesantes que he hecho en mi vida, principalmente porque las ciudades que visitamos eran algo distinto a la idea que tenía de ellas y, sobre todo, por la buena compañía.

En 2007 organice un viaje a Florida con Hernán y Mágala, Guicho y Cris y Billy y Lydia. El propósito era jugar en Sawgrass, el famosísimo campo de golf donde el hoyo 17 es una isla, lo logramos; después fuimos a Boca Ratón, ahí también jugamos golf y finalmente a Miami donde hubo shopping y buen comer.

De este viaje recuerdo que estábamos por arrancar y la eficiente de mi comadre Mágala se bajó de la camioneta para ir por un mapa y le dije: "no lo necesitamos, traemos a *J LO*" (así bautizó Cris al GPS), pero me contestó: "¡Claro que sí, Hernán y yo nos combinamos muy bien, yo con el mapa y él maneja"; luego procedió a darme instrucciones por donde salir hasta que empezó a hablar *J LO*, en mal español: Dar vuelta en Oak Doctor (Oak Drive), etc., al final sí nos sirvió el mapa de mi comadre, pues antes de voltear hacia Ponte Vedra había una desviación que el GPS no consideraba.

De Miami nos regresamos todos, excepto Hernán y Mágala, ellos continuaron a Orlando para unas vacaciones con hijos y nietos. Iban a rentar una camioneta. Espero que la hayan pedido con GPS y no con *J LO*.

En 2008 Luis y Cristina nos invitaron a un viaje al noreste de Francia, empezamos en Estrasburgo y de allí visitamos Dijon y otros pueblos de Suiza, Alemania y Francia. Unos días antes de irnos Carlos y Carmen nos dijeron que venían con nosotros.

Algunas anécdotas de esta travesía: Luis fue quien siempre manejó, él juraba que llegábamos a cualquier parte con la gasolina que traíamos, después de que le advertí que checara, Cris se puso nerviosa y lo convenció de entrar a un pueblo donde daba la casualidad que era el día del patrón del pueblo y estaban cerradas hasta las gasolineras, anduvimos por todo el pueblo, cada vez más angustiados hasta que por fin llegamos con el olor de la gasolina a una que estaba abierta.

Ese mismo día llegamos a visitar un castillo donde había claros señalamientos de dónde debía uno estacionarse, estoy seguro que Luis los vio pero creo que no traía ganas de caminar pues se dirigió al portón de entrada del castillo, que era un arco muy estrecho y a pesar de que salió una guardia empanicado a pararnos él siguió adelante, a insistencia de Cristina nos devolvimos, pero eran tan estrecho que al echar reversa se llevó la cámara de seguridad allí instalada. Cris juraba que no nos volverían a dejar entrar no solo al castillo sino ni a Francia. Estaba tan nerviosa que tuve que dar mi nombre como si fuese el conductor y ya quedó todo tranquilo.

Y sí he vuelto a Francia.

Cuando terminamos el recorrido de esa parte regresamos a París en tren, al dejar la camioneta nos dimos cuenta que era la hora de comida y la agencia estaba cerrada, así que dejamos un recado, yo volví al hotel a darle una propina al conserje para que devolviera las llaves cuando abrieran. Apenas entramos a la estación y con mi mal francés vi un letrero con la palabra *Greve*, huelga; y en efecto, confirmamos que había una huelga de trenes, eso era malo porque ya no teníamos camioneta, pero luego de preocuparnos por un rato y una vez más con mi mal francés nos enteramos que nuestro tren era el único que sí funcionaba porque venía de Bélgica y la huelga no aplicaba para viajes internacionales.

En París fuimos a la ópera a ver *Elixir de amor*.

Por supuesto que todos los días comíamos en algún restaurante escogido por Cris, pero ya no me asombraba lo que comía, siempre he dicho que debe tener estómago de revolvedora de concreto, y ni ella ni Guicho tienen ningún platillo aborrecido.

También en 2008 invitamos a los hijos a Europa, visitamos Praga, Berlín, Moscú, San Petersburgo y Frankfurt, volar aviones rusos de hacía más de 40 años fue toda una experiencia, el viaje fue muy hermoso y solo espero que mis hijos lo atesoren. Moscú fue muy contrastante a la primera vez que fuimos, cuando era comunista, en el lugar donde existió una tienda gigantesca llamada GUM que vendían camisas, pantalones y ropa de mujer todo del mismo color y forma, ahora albergaba puras tiendas de lujo: Dior, LV, Hermes, etc., con precios al doble que en cualquier ciudad de Europa. Los tesoros que se pueden ver tanto en Moscú como en San Petersburgo son inimaginables.

En septiembre me invitó JP Morgan a Houston e invitamos a Guicho y Cris, Guicho y yo nos fuimos a jugar golf y las señoras se fueron al SPA; debo decir que Chiquis y Cris han visitado los SPA de todos los lugares a los que hemos ido y creo que hasta los tienen clasificados.

En octubre del mismo año invitamos a varios a hacer un viaje a Tierra Santa y los únicos que se apuntaron fueron Guicho y Cristina. Empezamos por España, unos días en Madrid y luego Jerusalén, ciudad que utilizamos como base para visitar toda la Tierra Santa: Getsemaní, Belén, Magdala, el mar muerto, etc. Al Llegar a Israel pasamos la frontera sin problemas Chiquis, Cris y yo, pero a Guicho se lo llevaron a un cuartito, no lo tuvieron mucho tiempo pero creo que para Cris fue una eternidad.

De allí nos fuimos a Jordania para visitar Petra, de Amman a Petra fueron como tres horas de puro desierto, el agotador trayecto valió la pena porque Petra es un lugar espectacular. Al regreso debíamos volar Ammán-Jerusalem-Madrid, pero en el aeropuerto de Amman vimos un vuelo directo a Madrid y aunque nos costó un buen más lo tomamos porque, además de ahorrarnos muchas horas, nos evitamos el latoso transbordo de Jerusalem, creo que eso fue lo que convenció a Guicho de soltar la lana.

Regresamos a España y nos fuimos a conocer la Rioja, puro comer y beber, no recuerdo en qué lugar pero después de un buen lechón con mucho vino, Luis, que era quien siempre conducía, me dijo que ahora me "tocaba" manejar, fue la única vez, de todos los viajes que habíamos hecho con ellos, que manejé. El regreso eran alrededor de dos horas; nomás nos subimos al carro, todos se acomodaron y se durmieron; confieso que me costó mucho esfuerzo mantenerme despierto para regresar con bien. Al día siguiente, bien dormidos y descansados, no me volvió a tocar manejar.

En otro pueblo llegamos a un lugar donde el dueño del restaurante nos advirtió que no había ni carta de vinos ni de comida, que él decidía qué comeríamos. Creo que fue la mejor comida del viaje. Por supuesto que en la Rioja Chiquis y Cris hicieron cita en el SPA donde daban un baño con vino tinto, no sé si lo tomaron pero en esa ocasión Guicho y yo también le entramos al masaje.

En 2009, con hijos y nietos, fuimos a esquiar a Snowmass, lugar mucho más amigable que Vail para los nietos, como todas las esquiadas, gozamos esquiando y pasándola en familia.

En el verano de 2010 invitamos a los cuatro nietos mayores a Europa, afortunadamente nos acompañó Gerry para que nos ayudara, pues ya no estábamos en edad de lidiar con adolescentes, visitamos solo las capitales; en Londres nos tocó Wimbledon y viajamos en tren a París, Venecia, Roma, Madrid, Toledo y regresamos vía Londres. Una gran experiencia para ellos y nosotros.

En septiembre volvimos a Francia, fui-mos con Guicho y Cristina al oeste de Francia y visitamos un hermoso pueblo llamado Rocamadour y otros al estilo de los Sada Relais & Chateaux, ni modo con tantos manjares hubo que soltarle al cinto.

En 2010 fuimos a Inglaterra, Bélgica y Francia con Guicho y Cristina, en Londres fuimos a un concierto en el Royal Albert Hall y luego al barrio chino para un baño de pueblo y deliciosa comida, también aquí, tras la insistencia de las señoras, fuimos al SPA del Connaught, no sé a los demás pero a mí me tocó una luchadora que me dejó adolorido por días. En Bruselas se enfermó Guicho y ese día nos fuimos Chiquis y yo a Brujas y Gante. En París fuimos a la ópera pero no recuerdo cuál vimos.

En el 2011 volvimos a Snowmas y para entonces éramos ya todos experimentados esquiadores; la esquiada y las reuniones de familia, como siempre, nos llenaron de satisfacción.

En Septiembre del mismo año viajamos al norte de Francia con Alejandro y Yolanda Vega, algunas aventuras fueron que al salir del aeropuerto el GPS no funcionó y nos dimos una buena perdida, después de moverle algo, Alejandro logró que funcionara y nos fuimos hacia Normandía; con la extraviada se nos hizo tarde y para las 3:00 pm nos moríamos de hambre, era domingo y todos los pueblos se veían desolados, por fortuna nos salimos en uno que se llama Amiens y encontramos un lugar con muchos carros, nos paramos y era un restaurante que no se veía nada pretencioso, comimos de lo más delicioso, solo al salir nos dimos cuenta que se llama "La Table du Marais" y tenía estrella Michelin.

De allí fuimos a Bretaña donde nos quedamos en un hotel que nos habían recomendado los Sada, el restaurante era tan bueno que no había lugar para los huéspedes, así que tuvimos que buscar un lugar para comer, terminamos en un McDonalds que habíamos visto antes de llegar al hotel no sin antes ser regañados por una francesa a la que le preguntamos dónde estaba.

Al día siguiente y con la lección aprendida, hicimos reservación y comimos en el restaurante; la tercera noche fuimos a un pueblo de pescadores donde cenamos las langostas más deliciosas recién pescadas. De allí nos fuimos a un SPA, donde a pesar de tener reservación del hotel no la teníamos para el SPA, entonces, como no había mucho más qué hacer nos regresamos un día antes a París. En París fuimos a ver un ballet del que no soy amante, pero recuerdo estuvo muy bueno, fue un clásico adaptado a nuestra época, de allí nos fuimos al barrio latino a comer Fondue y Raclette.

No recuerdo la fecha pero ha de haber sido 2011 o 2012, JP Morgan me regaló unos boletos de avión para ir a New York e invité a Guicho y a Cris y a Billy y Lydia a que nos acompañaran, fue al empezar cuaresma y nos tocaron unos días hermosos, mucha nieve pero con poco frío, tuvimos una caminata muy hermosa por la Quinta Avenida, frente a Central Park, desde el museo Guggenheim en la 89 hasta Harry Cipriani en la 59. Precisamente el Miércoles de Ceniza fuimos a San Patricio a tomar ceniza donde nos estamparon una gran cruz en la frente, de allí nos fuimos a Smith & Wollensky a comer como un kilo de carne cada uno, casi al terminar se nos acercó un mesero polaco con cruz en la frente a preguntarnos por qué si éramos católicos estábamos comiendo carne en un día de vigilia, pensé que mi comadre Lydia nos iba a llevar a confesar pero hasta eso, se terminó su carne.

Fuimos a la ópera a ver *La hija del regimiento* porque se presentaba el peruano Juan Diego Florez, resulta que el día que fuimos se enfermó y lo reemplazó su substituto, que no le llegaba ni a las rodillas, ni modo, *such is life*.

En el 2012 hicimos un crucero familiar inolvidable, Dios nos concedió que todos pudimos ir, lo que no es fácil en un grupo de 21 personas. Antes de empezar, Chiquis y yo tuvimos que pasar una noche sentados en una banca del aeropuerto de Washington, DC porque se canceló nuestro vuelo y en lugar de llegar 24 horas antes de zarpar el Crucero, llegamos una hora antes, fue cardiaco pero la hicimos. Salimos de Civitaecchia, fuimos a las islas griegas, a Turquía y de regreso a Nápoles, gozamos todos los tours, aprendimos mucho y la compaña en familia, inolvidable; espero que los hijos y nietos lleven esos recuerdos para siempre. Los nietos me apantallaron por su conocimiento de los lugares que visitamos.

También en 2012 hicimos un crucero por Canadá y Nueva Inglaterra para ver el cambio de color de los árboles en el otoño, fue con Guicho y Cris y con Pancho y Grace Maldonado, salimos de Montreal, visitamos Quebec y algunos otros puertos pequeños en Nueva Inglaterra, en Maine los Sada y nosotros nos bajamos a comer langosta, Pancho y Grace prefirieron quedarse en el barco, no saben lo que se perdieron. Nos bajamos en Boston y luego volamos a New York, donde fuimos a la ópera, ni recuerdo qué obra fue. Lo que sí rememoro es que que fue un otoño tardío y el primer cambio de color que vimos fue en el Campestre de Monterrey, al regreso.

En 2014 regresamos a esquiar, puros expertos, el gozo de bajar la montaña juntos, yo de 70 años y Federico de 9 es algo difícil de describir y estoy seguro que todos lo recordaremos para siempre. Igual, después de la esquiada, nos juntamos para bajar deslizándonos en mini trineos al hotel o para hacer monos de nieve. No tengo ninguna duda de que es un bello recuerdo que nunca se nos va a olvidar.

En septiembre volvimos a Francia con Alejandro y Yola, esta vez yo a estudiar Francés y Yola a estudiar cocina. Chiquis anduvo con una guía, Pamela, que tenía instrucciones de llevarla a lugares que no fuesen los turistas; durante el viaje hasta se hicieron amigas.

Muchos recuerdos, pero si le preguntan a Alejandro, de lo que más se acuerda es de la vueltas en U en los Campos Elíseos y las salidas de los estacionamientos en reversa. Yo, por mi lado, recuerdo la noche que llamó Cano a nuestro departamento y nos dijo que si salíamos a buscar algo light porque no traía hambre. Fuimos a un lugar de hamburguesas que le había recomendado Tito Assad pero no lo encontramos, en su lugar vimos uno que nos acababa de recomendar Cris Sada –por supuesto– y entramos al "Tante Louise". El que no traía hambre pidió una entrada, luego un riñón que debe haber sido de búfalo por su tamaño y remato con fresas con mucha crema, eso sí, sin azúcar por su diabetes.

Allá nos encontramos a Guicho y Cris y juntos fuimos a Roland Garros a ver el tenis, un día a visitar la catedral de Chartres y un fin de semana nos fuimos Chiquis y yo a Barcelona.

En 2015 volvimos a estudiar a París, esta vez con mis cuñados Nina y Manolo, mientras yo estudiaba, ellos turisteaban con Pamela y luego yo los alcanzaba para comer y seguir turisteando. Fuimos a pasar un fin de semana a Valencia donde conocimos el Palau les Art Reina Sofía, de Santiago Calatrava, y otro fin a Nápoles pues yo quería subir al Vesubio, por cierto que subí solo porque nadie me quiso acompañar; luego visitamos Pompeya.

En París comimos con Guicho y Cris, que allá andaban, y también fuimos a un maravilloso concierto en La villette Cité de la Musique con Alondra de la Parra que terminó con el Huapango de Moncayo e hizo que la sala se cayera de aplausos.

En julio de 2015 organicé un viaje del grupo de golf a PGA National en Florida, afortunadamente pudimos ir todos aunque tuvimos problema al llegar al aeropuerto pues habían cancelado vuelos, a Chiquis y a mí nos lo respetaron, pero casi todos los demás se fueron vía Cancún, por suerte todos llegamos perfecto. Fueron días de golf en uno de los famosos campos de EU, de camaradería, shopping y buen comer.

El día que llegamos terminaba un torneo de PGA así que nos tocó la fiesta de golfistas, aficionados, periodistas, etc., muy alegre.

A fines de 2015, también con el grupo de golf, organicé un viaje a Mérida, nos acompañaron Manuel Madero y Tere, también hubo buen golf, camaradería, visitas a sitios turísticos y buena comida. El último día mi consuegro nos ofreció un festín como nomás él los sabe hacer; Tito y Lydia se animaron a cantar.

En 2016, Guicho Sada organizó para el grupo de golf un viaje a Costa Rica, Hernán y Mágala, Alejandro y Yola, Tito y Mela, Memo y Pilar y Guicho y Cristina visitamos volcanes, nos subimos a tirolesas, (palomita al bucket list), anduvimos en motos, nos metimos en aguas termales, gozamos como adolescentes.

El consuegro de Guicho y Cristina nos ofreció una comida deliciosa antes de partir a la costa. Durante los viajes en camioneta, el comodino de Tito siempre viajó en el asiento de enfrente y, para compensar, nos quiso deleitar haciendo uso del micrófono, qué bueno que vende hilos y no es locutor.

En verano, otra vez Dios nos concedió que los 21 de la familia pudiéramos viajar juntos y tomamos un Crucero al Báltico, salimos de Ámsterdam y fuimos a Suecia, Finlandia, Noruega, Dinamarca, y San Petersburgo; en Rusia, debido al mal tiempo, estuvimos un día entero sin poder entrar al puerto y el resultado de ese retraso fue que lo que íbamos a ver en 2 días lo apresuramos en solo en 1; todo muy aprisa pero logramos conocer lo principal, de allí a Estonia y de regreso a Ámsterdam, donde hicimos un tour de la ciudad y sus alrededores.

Nunca dejaré de darle gracias a Dios por darme la oportunidad de poder convivir con toda la familia estos viajes tan hermosos.

En 2017 nos fuimos solos Chiquis y yo a Madrid y Santiago de Compostela, visitamos Segovia donde comimos el tradicional lechón de Cándido y de allí volamos a Munich, donde tuvimos el problema de que no nos llegó el equipaje, así que sufrimos dos días mientras llegaba, pero disfrutamos mucho volver a la ciudad, fuimos un día a Oberammergau, comimos salchichas y la pasamos padre. De allí volamos a París donde fuimos a la ópera a ver Carmen con Guicho y Cris, que allí estaban, salimos a comer con ellos un par de veces y volamos un fin de semana a Toulouse, hermosa ciudad, además fuimos un día a Carcassonne, regresamos a París por dos días más días y fin del viaje.

En noviembre de 2017 con Guicho y Cris y Cano y Yolanda nos fuimos al "Car Elegance show" de Pebble Beach, California, es un espectáculo maravilloso donde se exhiben cientos de los mejores automóviles del mundo restaurados a como fueron originales. Luego de allí fuimos unos días a Las Vegas, donde tuvimos la oportunidad de visitar el Speedway y manejar coches de Carrera a velocidades que no soñábamos, definitivamente otra palomita al bucket list.

También jugamos golf en el hermoso campo de Wynns, celebramos el cumpleaños de Cano y comimos muy bien.

En el aeropuerto de Monterrey, Guicho se burlaba de Cano y de mi porque habíamos pagado como 100 dlls más que él para un vuelo de menos de una hora de Las Vegas a San José. Después de que hicimos el *chek in* en Las Vegas, terminamos primero Cano y yo y vimos venir a Cris, que nos dijo: "ni le hablen, Guicho viene de muy mal humor", resulta que le cobraron 50 dlls más por cada maleta, por lo que terminó pagando más que nosotros, pues le cobrarían otros 100 dlls al regreso.

Para manejar de regreso a San José, el GPS decía que era una hora y media, pero algún despistado le dijo a Guicho que serían como tres horas, así que salimos como a las 5:30 am y, por supuesto llegamos cinco horas antes de que saliera el vuelo. Lo bueno que aprovechamos e hicimos un buen desayuno.

Para el 2018, que cumplimos 50 años de casados, ya tenemos todo programado para hacer otro crucero con toda la familia. Durante la planeación estábamos muy tristes porque parecía que Bibita no nos podría acompañar, pero al estar escribiendo este capítulo, me whatssapeó para decirme que sí va. Una vez más alguien en el cielo está intercediendo para estar todos juntos.

Si Dios quiere vamos a empezar en Londres, iremos a Southampton, donde planeamos ver a nuestra prima Prisilla y su familia, y de allí mismo nos embarcamos para ir a Francia, España, Holanda, Alemania y de regreso a Inglaterra.

Se me hace tarde para volver a estar juntos.

1987

MUNICH 1988

ROMA 1988

ROMA 1988

96

JUAN PABLO II 1988

JUAN PABLO II 1988

NAVIDAD 1988

1989

98

NIAGARA FALLS 1990

TOKIO 1990

PRIMER AVION 1991

CATEDRAL MONTERREY 1992

SEVILLA 1992

25 ANIVERSARIO 1993

SAINT LOUIS MO 1994

BERLIN 1995

TRES VIDAS ACAPULCO 1996

NAVIDAD 1999

BUDAPEST 1999

CUATRO RAULES 2000

ISLA DEL PADRE 2000

BÁLTICO 2000

SAN PETERSBURGO 2000

80 AÑOS MI PAPA 2000

ROMA 2000

EX PRESIDENTES CAMPESTRE 2001

NEW YORK ANIVERSARIO PAPA Y MAMA

ISLA DEL PADRE 2001

SANTIAGO DE COMPOSTELA 2001

EGIPTO 2002

LUXOR 2002

EGIPTO 2002

LOIRE 2003

PARIS 2003

NEW YORK 2003

RIO DE JANEIRO 2005

IGUAZÚ BRASIL 2005

BUENOS AIRES 2005

LONDRES 1978, BUENOS AIRES 2005

TOLEDO ESPAÑA 2005

CHINA TOWN LONDRES 2005

NAVIDAD 2005

SUN CITY SUDAFRICA 2006

SUN CITY SUDAFRICA 2006

NGALA 2006

AEROPUERTO NGALA 2006

NGALA 2006

MALA MALA SUDAFRICA 2006

MALA MALA SUDAFRICA 2006

SAN FRANCISCO 2007

CAMBODIA 2007

BANGKOK 2007

HONG KONG 2007

SHANGAI 2007

LA CIUDAD PROHIBIDA BEJING2007

LA MURALLA CHINA 2007

CASA 2007

VAIL 2007

VAIL 2007

40 ANIVERSARIO 2008

40 ANIVERSARIO 2008

BERLIN 2008

DON KING BERLIN

MOSCU 2008

SAN PETERSBURGO 2008

SAN PETERSBURGO 2008

127

PLAZA DEL SOL MADRID 2008

JERUSALEM 2008

JERUSALEM 2008

PETRA JORDANIA 2008

CAMPESTRE 1 NAVIDAD 2008

NAVIDAD 2008

NAVIDAD 2009

SNOWMASS 2009

ROMA 2010

PARIS 2010

NORMANDIA FRANCIA 2011

MONTE ST MICHEL 2011

ATENAS 2012

CRUCERO 2012

VATICANO 2012

COMPAÑEROS DE FRANCES

HOLE IN ONE 2012

PARIS 2015

SAN PETERSBURGO 2016

COSTA RICA 2016

COSTA RICA 2016

MI NAVIDAD 2016

SIERRA ARTEAGA 2017

AVION NUEVO

MI CONCLUSIÓN

Hay quien pretende ser rico y no tiene
nada, hay quien parece ser pobre y todo lo tiene.
PROVERBIO ANÓNIMO.

Al repasar mi vida, reflexiono que no me considero ni rico ni pobre, sin embargo, todo lo tengo, y aquí cito unas palabras del poeta Jorge Luis Borges:

De tanto perder, aprendí a ganar; de tanto llorar, aprendí a reír, conozco tanto el piso que solo miro al cielo.

Aprendí que en esta vida nada es seguro, sólo la muerte, por eso disfruto el momento y lo que tengo.

Sigo citando, pero ahora al cantante Chayanne:

Debes brindar amor para después pedir
Hay que perdonar para poder seguir
Recuerda que tenemos solo un viaje de ida
Y hay que darle gracias siempre a la vida
Abre tus ojos, mira hacia arriba
Disfruta las cosas buenas que tiene la vida.

Mis padres, mi esposa, mis hijos, mis nietos, mis amigos, mi vida, que tesoro tan grande.

Reflexionando sobre todas las maravillas que he tratado de resumir aquí y de tantas otras que se me escapan, encuentro un solo común denominador: Dios

¡Dios, Nuestro Señor, me has dado todo y no tengo con que agradecértelo!

Por lo anterior, creo oportuno terminar con las palabras que usaba Elvis Presley

"Hasta que nos volvamos a ver, que Dios los bendiga como me ha bendecido a mi"

ARBOL

GENEALOGICO FARIAS ARIZPE

ANTONIO TRINIDAD MUGUERZA SANTOS-COY
Cadereyta, NL
1813
MA DEL REFUGIO CRESPO SADA
1820
Matrimonio: Noviembre 21 de 1832

RAMON LAFON GARCIA
1816
RAFAELA GAJA DELAUNAY
1918
Matrimonio: 1860

JOSE A MUGUERZA CRESPO
Diciembre 7 de 1858
MA ADELAIDA DE LOS ANGELES LAFON GAJA DE MUGUERZA
Juliode 1864
Matrimonio: Septiembre de 1886

ANDRES FARIAS BENAVIDES
Septiembre 29 de 1845—Septiembre 29 de 1934
NEMESIA HERNANDEZ BENAVIDES DE FARIAS
Octubre 31 de 1948—Mayo 24 de 1902
Matrimonio: 1868

ENRIQUE FABIAN FARIAS HERNANDEZ
San Pedro de las Colonias, Coah.
Enero 20 de 1882-Marzo 17 de 1977
MERCEDES MUGUERZA DE FARIAS
Octubre 8 de 1887-Noviembre 8 de 1975
Matrimonio:
Agosto 30 de 1909

MIGUEL ARIZPE RAMOS
1838-1933
DOLORES SANTOS CARREÑO 1857-

JOAQUIN DE LA MAZA RAMOS
1866
MA DE LA LUZ ICAZA COSÏO
1966-1891
Matrimonio: Mayo 27 de 1886

EMILIO ARIZPE SANTOS
Saltillo. Coah.
Enero 15 de 1877-22 de Marzo de 1964
ELENA DE LA MAZA DE ARIZPE
México, DF
Abril 13 de 1890-1965
Matrimonio: Agosto 11 de 1916
Saltillo, Coah

RAUL GERARDO FARIAS MUGUERZA
Abril 20 de 1920
JOSEFINA ARIZPE DE LA MAZA DE FARIAS
Marzo 19 de 1922
Matrimonio: Septiembre 12 de 1942

RAUL GERARDO FARIAS ARIZPE
Julio 3 de 1943
BEATRIZ TREVIÑO GUZMAN DE FARIAS
Mayo 9 de 1944
Matrimonio: Julio 5 de 1968

BEATRIZ EUGENIA FARIAS DE SALDAÑA
Abril 16 de 1969
JOSE P SALDAÑA LOZANO
Abril 8 de 1965
Matrimonio: Junio 29 de 1991

BEATRIZ SALDAÑA FARIAS Febrero 4 de 1994
BALBINA SALDAÑA FARIAS Junio 7 de 1996
ROBERTA SALDAÑA FARIAS Abril 4 de 2000
VALERIA SALDAÑA FARIAS Enero 29 de 2004

LORENA DE LOURDES FARIAS DE MADAHUAR
Diciembre 3 de 1970
NICOLAS MADAHUAR BOEHM
22 de Noviembre de 1967
Matrimonio: Septiembre 25 de 1993

NICOLAS MADAHUAR FARIAS
Mayo 6 de 1995
LORENA MADAHUAR FARIAS
Mayo 19 de 1997
ANDRES MADAHUAR FARIAS
Febrero 5 de 2000
SOFIA MADAHUAR FARIAS
Julio 2 de 2002

RAUL ENRIQUE FARIAS TREVIÑO
22 de Noviembre de 1972
DIANA LAURA PEREZ DE FARIAS
Enero 29 de 1974
Matrimonio: 29 de Noviembre

RAUL FARIAS PEREZ
Agosto 9 de 1999
PATRICIO FARIAS PEREZ
Septiembre 20 de 2001
DIANA FARIAS PEREZ
Junio 14 de 2003
FEDERICO FARIAS PEREZ
Julio 12 de 2005

GERARDO JOSE FARIAS TREVIÑO
Agosto 26 de 1980

LUZ ELENA FARIAS ARIZPE DE JIMENEZ
Febrero 23 de 1945
ANTONIO JIMENEZ VARGAS
Mayo 9 de 1941
Matrimonio: Octubre 14 de 1966

ANTONIO JIMENEZ FARIAS
Octubre5 de 1967
DENISE MARTINEZ DE JIMENEZ
Febrero 20 de 1971
Matrimonio: Mayo 1 de 1998

DIEGO ANTONIO JIMENEZ FERNANDEZ
Mayo 20 de 1999
PABLO EMILIO JIMENEZ FERNANDEZ
Octubre 16 de 2002
ANDRES JOAQUIN JIMENEZ FERNANDEZ
Mayo 13 de 2006

LUZ ELENA JIMENEZ DE AGUILAR
Noviembre 2 de 1969
OSCAR AGUILAR
Junio 24 de 1969
Matrimonio:

LUZ ELENA AGUILAR JIMENEZ
Enero 10 de 1990
ANA CRISTINA AGUILAR JIMENEZ
Enero 30 de 1993
SOFIA ALEJANDRA AGUILAR JIMENEZ
Marzo 3 de 1988
CATALINA AGUILAR JIMENEZ
Marzo 14 de 2001
REGINA MERCEDES AGUILAR JIMENEZ
Agosto 15 de 2007

VERONICA JIMENEZ FARIAS DE JUARISTI
Dicembre 2 de 1970
RICARDO JUARISTI GONZALEZ DE COSIO
Marzo 26 de 1970
Matrimonio: Junio 4 de 2009

RICARDO JUARISTI JIMENEZ
Abril 14 de 1999
ADRIAN JUARISTI JIMENEZ
Agosto 14 de 2002

DANIEL JIMENEZ FARIAS
IVONNE SALINAS LOMBARD DE JIMENEZ
Septiembre 1 de 1972
Matrimonio: Julio 4 de 2009

JORGE RAMON FARIAS ARIZPE
Agosto 31 de 1947
PATRICIA ZAMBRANO RODRIGUEZ
13 de Febrero de 1951
Matrimonio: 27 de Marzo de 1971

LETICIA MARIA RODRIGUEZ REYES
Enero 9 de 1972

Matrimonio Civil: 2 de Marzo de 2002

MARIA ESTHER GONZALEZ SALINAS
Marzo 1 de 1959
Matrimonio: Agosto 8 de 2008

PATRICIA FARIAS ZAMBRANO
Marzo 29 de 1972

JORGE FARIAS ZAMBRANO
Noviembre 6 de 1974
ERICA RANGEL MANCILLA DE FARIAS
Mayo 10 de 1980
Matrimonio: Junio 12 de 2004

PAULINA FARIAS RANGEL
Abril 27 de 2005
ANDREA FARIAS RANGEL
Noviembre 30 de 20
MAURICIO FARIAS RANGEL
Marzo 4 de 2009
CAROLINA FARIAS RANGEL
Noviembre 26 de 2011
MIGUEL FARIAS RANGEL
Noviembre 7 de 2016

GABRIELA FARIAS ZAMBRANO
Julio 17 de 1978
ALFREDO SANTILLAN GOMEZ
Agosto 23 de 1976
Matrimonio: Junio 30 de 2001

GABRIELA SANTILLAN FARIAS
Abril 10 de 2002
ALFREDO SANTILLAN FARIAS
Enero 15 de 2004
ALEJANDRO SANTILLAN FARIAS
Noviembre 16 de 2007
JOSE PAOLO SANTILLAN FARIAS
Julio 21 de 2012
FRANCISCO SANTILLAN FARIAS
Noviembre 18 de 2015

REGINA FARIAS ZAMBRANO
Octubre 8 de 1981
ARMANDO MUÑOZ LAMADRID
Enero 24 de 1978
Matrimonio: Marzo 10 de 2007

ARMANDO MUÑOZ FARIAS
Agosto 14 de 2014

JOSE RODOLFO FARIAS ARIZPE
Abril 27 de 1950
MARTHA ALVARADO QUIROGA DE FARIAS
Agosto 13 de 1955
Matrimonio: Octubre 4 de 1974

MARTHA ALEJANDRA FARIAS ALVARADO DE LOUSTAUNAU
Julio 17 de 1975
ARTURO LOUSTAUNAU LARRAGIBEL
Mayo 14 de 1975
Matrimonio: Octubre 28 de 2000

ARTURO LOUSTAUNAU FARIAS
Agosto 31 de 2002
DANIELA LOUSTAUNAU FARIAS
Marzo 30 de 2005

BARBARA FARIAS DE HERRERA
Marzo 27 de 1978
JORGE HERRERA CASSO
Enero 5 de 1977
Matrimonio:

JORGE HERRERA FARIAS
Julio 10 de 2005
EMILIO HERRERA FARIAS
Agosto 14 de 2007
EUGENIO HERRERA FARIAS
Agosto 28 de 2012
ANDRES HERRERA FARIAS
Enero 9 de 2017

RODOLFO FARIAS ALVARADO
Diciembre 6 de 1979
DENISSE RAMONFAUR COINDREAU DE FARIAS
Febrero 22 de 1980
Matrimonio: Noviembre 2 de 2007

JUAN DIEGO FARIAS RAMONFAUR
Mayo 16 de 2009
LISA FARIAS RAMONFAUR
Marzo 16 de 2011
CECILIA FARIAS RAMONFAUR
Febrero 23 de 2015

DOMINGO FARIAS ALVARADO
Octubre 13 de 1981
ALEJANDRA JIMENEZ DE FARIAS
Junio 6 de 1986
Matrimonio: Febrero 12 de 2011

DOMINGO FARIAS JIMENEZ
Noviembre 14 de 2011
SANTIAGO FARIAS JIMENEZ
Abril 2 de 2014
GONZALO FARIAS JIMENEZ
Noviembre 29 de 2017

MAURICIO FARIAS ALVRADO
Octubre 1 de 1988
JUAN PABLO FARIAS ALVARADO
Diciembre 27 de 1996

JAIME IGNACIO FARIAS ARIZPE
Mayo 29 de 1953
TERESA SADA DE FARIAS
Noviembre 25 de 1956
Matrimonio: Marzo 11 de 1977

CORDELIA FARIAS SADA
Marzo 27 de 1978
WELLESTER DANIEL SILVA GALVAN
Junio 11 de 1979
Matrimonio: Marzo 8 de 2008

WELESTER SILVA FARIAS
Febrero 28 de 2009
DARIO SILVA FARIAS
Junio 24 de 2012
CORDELIA SILVA FARIAS
Mayo 1 de 2016

CLAUDIA FARIAS SADA
Julio 3 de 1980
JAIME FRANCISCO LEAL VARGAS
Agosto 18 de 1977
Matrimonio: Marzo 15 de 2003

ANA SOFIA LEAL FARIAS
Junio 23 de 2004
DIEGO JAIME LEAL FARIAS
Abril 2 de 2009

JAIME FARIAS SADA
Julio 10 de 1987
CRISTINA FARIAS SADA
Febrero 9 de 1989

GUILLERMO DE JESUS FARIAS ARIZPE
Agosto 13 de 1955
MARISA MARTINEZ RODRIGUEZ DE FARIAS
Junio 21 de 1959
Matrimonio: Junio 27 de 1981

GUILLERMO ANDRES FARIAS MARTINEZ
Octubre 20 de 1982
PAOLA VALENZUELA HINOJOSA DE FARIAS
Enero 16 de 1987
Matrimonio: Marzo 19 de 2011

GUILLERMO FARIAS VALENZUELA
Enero 10 de 2013
SEBASTIAN FARIAS VALENZUELA
Enero 26 de 2015
ALANA FARIAS VALENZUELA
Octubre 27 de 2017

ANA GABRIELA FARIAS DE HINOJOSA
Marzo 19 de 1985
MARCELO DE JESUS HINOJOSA VALDERRAMA
Febrero 22 de 1982
Matrimonio: Agosto 28 de 2010

MARCELO DE JESUS HINOJOSA FARIAS
Diciembre 30 de 2012
BENJAMIN HINOJOSA FARIAS
Febrero 26 de 2015

CATALINA FARIAS DE CASSO
Febrero 13 de 1988
BERNARDO EUGENIO CASSO RAMIREZ
Abril 15 de 1983
Matrimonio: Abril 11 de 2015

ELA CASSO FARIAS
Mayo 20 de 2017

JOSE PABLO FARIAS MARTINEZ
Abril 15 de 1994

JOSEFINA DE LOURDES FARIAS ARIZPE DE TREVIÑO
Diciembre 24 de 1960
RODRIGO TREVIÑO GARZA
Mayo 1 de 1957
Matrimonio: Marzo 20 1982

FINILU TREVIÑO FARIAS
Junio 22 de 1984
ALEX UGAZ MONTERO
Abril 26 de 1978
Mtrimonio: Octubre 3 de 2009

SANTIAGO UGAZ TREVIÑO
Febrero 9 de 2010
SOFIA UGAZ TREVIÑO
Febrero 9 de 2010
MARIANA UGAZ TREVIÑO
Enero 23 de 2013

RODRIGO TREVIÑO FARIAS
Julio 10 de 1986
ANDREA SAINZ DE LA VIA DE TREVIÑO
Diciembre 25 de 1986
Matrimonio: 21 de Marzo de 2015

SEBASTIAN TREVIÑO SAINZ
Agosto 2 de 2017

MARCELA TREVIÑO FARIAS
Septiembre 1 de 1987
JUAN PABLO FLORES GONZALEZ
Mayo 14 de 1986
Matrimonio: Abril 5 de 2013

ANA DANIELA FLORES TREVIÑO
Junio 7 de 2014
EVA SOFIA FLORES TREVIÑO
Enero 4 de 2017
JUAN PABLO FLORES TREVIÑO

Con gusto reproducimos estos amenos versos de nuestro buen amigo Don Enrique F. Farías Hernández, en torno a nuestra cerveza CARTA BLANCA, felicitándolo por su magnífica vena poética.

La Mexicana Alegría

Ya cerca del medio día
en la lucha cotidiana
se apetece una botana
con CARTA BLANCA bien fría,
y con o sin compañía,
con botana o sin botana
disfruto la soberana
la CARTA BLANCA bien fría.

Un amigo me decía:
Cuando te sientas cansado,
triste, débil y abatido
todo echarás al olvido
con CARTA BLANCA bien fría,
y yo a mi vez le decía:
Ya no me siento cansado,
triste, débil ni abatido,
todo lo he conseguido
con CARTA BLANCA bien fría.

CARTA BLANCA no es licor
que nos trastorne la mente
ni tampoco es simplemente
un refresco de color,
es algo mucho mejor,
es algo muy diferente,
es la Cerveza excelente
de riquísimo sabor
que da salud, da vigor
y es la delicia del Cliente.

Con CARTA BLANCA no importa
como el día nos amanezca,
si hace calor nos refresca
y haciendo frío nos conforta,
por eso se nos exhorta
para pasar bien el día,
tengamos siempre Cerveza
la CARTA BLANCA bien fría.

El escudo CARTA BLANCA
que en todas partes se ve,
es bello yo no lo dudo
pero me parece mudo
y yo vida le daré
con mis versitos alegres
que aquí les mencionaré:

CARTA BLANCA no es licor
que nos trastorne la mente
ni tampoco es simplemente
un refresco de color,
es de muy buen sabor,
es algo muy diferente,
es la cerveza excelente
de riquísimo bouquet
que da salud, da vigor
y es la delicia del Cliente.

155

22 de Junio 1972

Si a Don Eugenio le agrada
mi manera de anunciar
que aquí le vengo a exponer,
la podría patrocinar
siendo para mí un placer,
y si la ha dd desechar
como bien pudiera ser,
este modesto papel
al desperdicio irá a dar
y nada se ha de perder,
pues nada puede valer
si no se ha de aprovechar.

El escudo CARTA BLANCA
que en todas partes se ve,
es bello yo no lo dudo
pero me parece mudo
y yo vida le daré
con mis versitos alegres
que aquí les mencionaré:

CARTA BLANCA no es licor
que nos trastorne la mente
ni tampoco es simplemente
un refresco de color,
es algo muy superior
es algo muy diferente,
es la cerveza excelente
de riquísimo sabor
que dá salud da vigor
y es la delicia del Cliente.

etc. etc.

PAPAGRANDE NOS DECIA:

Siendo de noche ó de día
haciendo frío ó calor
nada apetezco mejor
que CARTA BLANCA bien fría.

         666_____

Un amigo me decía:
Cuando te sientas cansado, triste, debil y abatido
todo echeras al olvido con CARTA BLANCA bien fría,
y yo a mi vez le decía:
Ya no me siento cansado , triste, debil y abatido
todo lo ha conseguido con CARAT BLANCA bien fría.

         _____

CARTA BLANCA no es licor que nos trastorne la mente.
ni tampoco es simplemente, un refresco de color,
es algo mucho mejor, es algo muy diferente,
es la cerveza excelente de riquisimo sabor que dá
salud y vigor y la delicia del cliente.

         _____

Con CARTA BLANCA no importa como el día nos amanezca
ni hace calor nos refresca
~~ni siendo frío nos conforte,~~
por eso se nos exhorta para pasar bien el día
tengamos siempre cerveza
la CARTA BLANCA bien fría.

         _____

*Me enviaron en
premio un cheque   Enrique F Farías
de 2,000.=*

Ya cerca del medio dia
en la lucha cotidiana
se apetece una botana
con CARTA BLANCA bien fria,
y con o sin compañia
con botana o sin botana
se goza la soberana
la CARTA BLANCA bien fria.

Un amigo me decia:
cuando te sientas cansado,
triste, debil y abatido,
todo darás al olvido
con CARTA BLANCA bien fria,
y despues yo le decía:
ya no me siento cansado,
triste, debil ni abatido,
todo lo he conseguido
con CARTA BLANCA bien fria.

Con CARTA BLANCA no importa
como el dia nos amanezca,
si hace calor nos refresca
y haciendo frio nod conforta,
por eso se nos exhorta
para pasar bien el dia
tengamos siempre Cerveza
de CARTA BLANCA bien fria.

CARTA BLANCA no es licor
que nos trastorne la mente
ni tampoco es simplemente
una soda de color,
es algo mucho mejor,
es algo muy diferente,
es la Cerveza excelente
de riquísimo sabor,
que dá salud y vigor
y la delicia del Cliente.

AGRADECIMIENTOS

Esta obra no estaría complete sin reconocer a las personas que me ayudaron a sacarla adelante, le agradezco a **Norma Garza** por haberme ayudado a poner en orden la cantidad de información desordenada que le proporcioné, a la **Licenciada Erika del Angel Esquivel** por haber editado y darle forma de libro congruente al material con que contaba, por supuesto a **Juanita Piña Tristán** que me ayudó a revisarlo una y otra vez y a **Ana Gabriela Herrera Campuzano**, que sin su valiosa ayuda no hubiera podido podido cumplir con los enemil requisitos que me exigieron los productores. Por último agradezco la valiosa asistencia de **Drew Navarro** y **Vanessa Degala** de Trafford, que estuvo conmigo cada paso de la producción.

Printed in the United States
By Bookmasters